피해와 가해의
페미니즘

도란스
기획 총서
3

피해와 가해의 페미니즘

권김현영 엮음

권김현영, 루인, 정희진, 한채윤,
〈참고문헌 없음〉 준비팀

교양인
GYOYANGIN

우리는 피해자라는 역할을 거부한다

모두들 페미니즘이 '문제'라고 말한다. 피해자는 피해자대로, 가해자는 가해자대로 현재의 페미니즘으로는 문제를 해결할 수 없다고 주장한다. 동시에 지금 한국 사회처럼 '다양한' 페미니즘이 등장한 시기도 없었다. 어떤 페미니즘은 주류 질서 안에서 관료화되었고, 어떤 페미니즘은 "모든 여성은 피해자"라고 주장한다. 심지어 여성만이 사회적 약자라며 다른 사회적 약자를 혐오하는 페미니즘까지 등장했다. 당대 한국 사회의 페미니즘은 이 모든 문제를 안고 있다. 하지만 아무리 벼랑 끝에서 이론과 실천의 곤경에 빠져 있어도 페미니즘의 '쓸모' 자체는 사라지지 않는다. 특히 여성에 대한 폭력이 '세계 최고' 수준인 한국 사회에서는 더욱 그렇다. 여성들은 페미니즘은 이제 시작이고 아직 너무 부족하다고 말하지만, 남성들은 대부분 "갑자기 세상이 뒤집힌 것" 같다고 '고통'을 호소한다. 분명한 것은 페미니즘이 유례없이 대중화되면서 여성의 목소리가 가시화되고 있다는 사실이다. 지구적 차원에서, 그리고 한국 사회 곳곳에서 '미투(#MeToo)'는 쉽게 멈추지 않을 것이다.

지금 한국 사회를 '뒤흔들고 있는' 피해자의 목소리는 몇 년간 문화예술계를 요동치게 하더니 이제는 권력의 중심부에서도 울리고 있다. 묻지 않을 수 없다. 대체 그동안 어떤 일이 생겼던 걸까. 성폭력 특별법은 제정된 지 20년이 넘었다. '민주화'가 된 지도 30년이 넘었다. 하지만 여전히 우리 사회는 피해자가 직접 공론장에 뛰어들어 온몸으로 자신의 피해 사실을 직접 증명해야만 문제 해결의 실마리가 겨우 보인다. 여론의 관심이 다른 곳으로 돌려지기라도 하면 그마저 흐지부지되는 일도 다반사다. 하지만 피해자가 직접 나서서 고발하고 폭로하는 방식의 '부작용'에 대한 남성 사회의 '걱정'이 무색하게, '우리'의 목소리는 점점 높아지고 있다. 가해자가 즉각 반격하고, 피해자의 인격을 공격한다는 점에서 부작용에 대한 걱정은 기우가 아니지만, 피해 당사자가 더 참지 않고 말하기로 한 이상, 이보다 더 강력한 무기는 없다. 노적성해(露積成海), 한 방울의 이슬이 모여서 바다를 이룬다. 오랫동안 쌓이고 쌓인 폐단을 없애는 게 어디 쉬우랴. 더 많은 목소리가 터져 나오길 바란다.

이 책은 페미니즘의 대중화 시대를 맞아, 성차별과 성폭력 문제를 '제대로' 일상의 정치로 지속시키기 위해 "미투 운동 이후" 를 생각하는 글이다. 아마도 독자들은 연구집단 '도란스'의 전작 《양성평등에 반대한다》처럼, 이 책의 내용에 당황할지도 모르겠다. 이 책의 글쓴이들은 오랫동안 성폭력에 반대하는 운동을 해 왔고, 당연히 현재의 상황을 열렬히 지지한다. 하지만 이 책《피해와 가해의 페미니즘》은 지속 가능한 운동을 위해, 그간 '우리' (한국의 페미니즘 연구자와 활동가 모두)에게 어떤 어려움이 있었는지, 무엇이 부족했는지, 무엇을 더 사유해야 하는지에 초점을 맞춘다. (그런 점에서 이 책에 실린 문단 내 성폭력 문제는 여성주의가 얼마나 복잡하고 지난한 '우리 자신과의 싸움'인지를 잘 보여준다.)

언제까지 페미니즘 정치학은 피해 경험의 공통성에서 의식 고양의 '땔감'을 구하고, 분노하고 폭로하는 정치를 반복해야 하는 것일까. 늘 같은 곳을 맴돈다는 생각을 떨칠 수가 없다. 수많은 문제적 개인들을 지목하면서 가해의 목록을 늘리고 피해 증거를 수집하며 억압받은 경험의 공통성에 천착하는 것은, 결국 여성을 피해라는 현실에 정박시키는 것은 아닐까. 피억압자의 정체성이 본질주의와 만나면 해방의 전망은 사라진다. 이때 우리가 만들 수 있는 건 기껏 피억압의 조건이 모여 사는 임시 대피소일 뿐이다.

'피해자 편'을 들고 가해자를 처벌하는 것은 페미니즘의 목표도, 전망도 아니다. 그것은 단지, 법치주의 국가의 상식일 뿐이다. 이걸 위해서 피해자가 인생을 걸어야 하는 사회라면, 희망이 없다. 페미니즘은 가해자를 처벌하고 피해자를 보호하자는 사상이 아니다. 페미니즘은 그 이상이다. 페미니즘의 관심사는 피해와 가해라는 위치가 주어지는 방식 자체에 있다.

피해자의 위치에서만 발화가 가능해지는 사회에서 피해자는 자신의 피해 경험을 사회에서 이해받을 만한 서사로 구성하기 위해 필연적으로 고통을 자원으로 삼게 된다. 사실을 인정받기 위해 피해 사실을 반복적으로 공표하는 일도 자주 발생하는데, 이것만으로도 피해자의 정신 건강에 해악을 끼친다는 점에서 문제적이다.

사회적 약자나 소수자의 위치에서만 발화가 가능해질 때, 피해자의 위치는 억압을 구성하는 조건의 일부에 배당될 뿐이다. 아무도 피해자가 되고 싶지 않지만, 누구나 "그렇게 따지면 나도 피해자다."라고 외치는 이유다. 피해와 가해라는 문제는 '누구' 혹은 '무엇'의 문제에서 '권력과 폭력'의 문제로 재설정되어야 한다. 이를 위해서는 사회가 피해와 가해의 맥락을 어떻게 이해하고 번역하고 정당화하는지를 분석하는 과정이 필수적이다. 이 책에서 시도하고자 한 것이 바로 이런 작업이었다. 무엇이 피해이고 무엇이 가해인지, 누가 피해자이고 누가 가해자인지가 아니라, 권력이 폭력을 통해 실행되고 정당화되는 과정을 드러내는 것이 모든 필자들의 목표였다.

권김현영은 성폭력 2차 가해 담론과 피해자 중심주의의 문제를 비판적으로 검토한다. '피해자 중심주의'가 새로운 도덕주의처럼 사용되면서 공론장에서 계속 합의되고 갱신되어야 하는 성폭력 판단 기준에 대한 논의가 진전되지 못하고 있다는 것이 저자의 문제의식이다. 권김현영에 따르면 무엇이 성폭력인지를 판단할 수 있는 절대적인 기준 같은 것은 '없다'. 모든 지식은 부분적이며, 맥락 의존적이다. 그러므로 성폭력에 관한 페미니즘 정치학은 누구의 말이 진실인가의 문제가 아니라, 성폭력에 대한 가해와 피해의 서사가 서로 다를 때 누구의 해석을 사회 정의로 받아들일 것인가라는 차원의 해석 투쟁이다.

　　권김현영은 '2차 가해'라는 용어가 피해자를 비난하는 문화에 대응하기 위한 '개인'의 전략으로 사용되면서, '2차 피해'라는 용어를 통해 환기하고자 했던 성폭력 문제에 관한 '사회'적 차원의 문제의식이 축소되었다고 비판한다. 일상에 침투해 있는 강간 문화, 여성에게 평판의 추락이라는 위험 부담을 감수하게 만드는 남성 중심의 섹슈얼리티 평가 방식, 약자들 간의 연대와 공동의 책임을 불가능하도록 만드는 신자유주의 체제, 여성의 경험과 지식에 대한 체계적 배제, 여성 혐오가 만연한 대중문화와 인터넷 환경 등등, 성차별을 용인하고 성폭력을 가능하게 만드는 기제는 다양하다. 그러나 이 모든 현상이 '2차 가해'라는 말로 간단히 요약되면서, 우리 모두는 가해와 피해의 이분법 속에만 존재하게 되었다. 이것은 성폭력 문제에 피해자와 가해자만 관련되는 '협의의 당사자성'으로만 접근했기 때문이다. 이 문제를 해결하는 방법은 성폭력을 문화적으로 정당화하는 강간 문화에 대한 문제의식을 분명히 하는 것이지, 방관자를 모두 공범으로 만들고 가해자의 목록을 늘리는 것이 아니다. 저자의 주장을 요약하면 다음과 같다. 피해자 중심주의는 피해자를 타자화하고, 2차 가해라는 담론은 성폭력을 다시 개인적인 차원의 문제로 만들었다는 것이다.

문단 내 성폭력 고발자를 지지하고 연대해 온 〈참고문헌 없음〉 준비팀의 글은 현재 진행 중인 고투의 기록이다. 〈참고문헌 없음〉 준비팀은 문단 내 성폭력에 대한 증언과 지지의 말들을 모아서 책을 출간하고, 펀딩을 통해 피해자를 법률적, 의료적으로 지원하기 위해 만들어진 팀이었다. 프로젝트 진행 과정에서 누가 연대자의 이름을 대표할 것인가, 누구에게 진짜 피해자를 도울 자격이 있나, 지지와 연대의 방식을 어떻게 정할 것인가, 피해 증언을 책으로 남기는 과정에서 편집권은 어디까지 허용되며, 책에 대한 책임은 누가 어떻게 질 것인가 등등 수많은 논쟁이 있었다. 피해자 지원과 책 출간을 목표로 시작한 모금은 유례없는 성공을 거두었다. 하지만 그와 거의 동시에 소셜네트워크에서는 출판사 구성원의 데이트 폭력에 대한 폭로가 나왔다. 사과에 이어 공식 하차가 결정되기까지의 시간은 아주 짧았다. 나중에 알려졌지만 이 사건은 가해와 피해가 분명하게 나눠지기보다는 스토킹과 폭력이라는 형태의 상호 폭력이 순차적으로 일어난 사건이었다. 하지만 사실 관계와 상관없이 이미 기획자이자 실무자인 준비팀의 평판은 깎아내려졌고, 연대자가 대체 누구냐는 의심이 팽배했으며, 프로젝트는 좌초될 위기에 처하게 된다.

하지만 〈참고문헌 없음〉 준비팀은 불굴의 의지로 비록 비공식 간행물의 형태지만 증언과 연대의 기록을 책으로 완성했고, 피해자들에게 약속했던 법률적·의료적 지원을 무사히 마쳤다. 대체 누가 이들에게 이 정도의 책임을 요구할 수 있었던 걸까 묻지 않을 수 없다. 이 글을 쓰면서 〈참고문헌 없음〉 준비팀은 수없이 토론하고 멈추고 다시 기록하는 일을 반복했다. 페미니스트 동료로서 마음속 깊이 응원하면서도, 글을 마무리할 수 있을지 걱정스러웠던 것도 사실이다. 그 결과, 현시점에서 '충분하고도', 매우 의미 있는 논의를 촉발하는 글이 나올 수 있었다. 이 글은 특히 연대자의 위치를 끝까지 질문해본 사람들의 글이다. "우리는 '누가 가해자인가'보다는, '무엇이 폭력인가'를 질문했어야 했다."라는 한 문장을 쓰기까지 겪었을 이들의 고군분투가 이 책의 기획을 결심하게 만들었다는 것도 덧붙인다.

한채윤은 커밍아웃, 아웃팅, 그리고 커버링에 이르는 정체성의 정치학에 담긴 인식론을 다루는 중요한 글을 썼다. 이 글은 낙인찍힌 자들에게 더 빨리 솔직하게 말하라고 요구하기 전에,

말하면 제대로 들을 준비가 되어 있는지를 먼저 살펴야 한다는 사회적 성찰을 요구하는 글이기도 하다. 레즈비언 강사의 강의를 듣는다는 아내에게 "나를 한 번만 만났어도 레즈비언이 되지 않았을 수도 있었을 텐데."라고 말하더라며 남편의 말을 우스운 농담으로 전해준 활동가의 일화는, 우리 사회에서 레즈비언 커밍아웃이 왜 그렇게 드물고 어려운 일인지를 단적으로 보여준다. 성소수자의 삶을 상상해본 적이 없는 사람에게 커밍아웃은 아무런 의미를 발생시키지 못한다. 원래 커밍아웃이라는 말 자체가 동류(同流)의 동성애자 사회에서 이루어지는 일종의 사교계 데뷔와 같은 말이었고, 아웃팅은 커밍아웃의 전략 중 하나였다는 지적은 지금까지 우리가 알고 있던 커밍아웃과 아웃팅에 대한 상식의 지도를 뒤흔들어놓는다.

커밍아웃을 당당함의 표식으로 단순하게 생각하는 사회에서 아웃팅은 무조건 나쁜 것이 되고, 너무 티 내지 말고 살아가라는 커버링의 요구에 저항하기 어렵게 된다. 이렇게 되면 정작 동성애자의 삶을 억압하는 사회의 문제는 시야에서 사라지고 만다. 이런 문화는 내부에서 서로를 피해자와 가해자로 만들고, 실패한 커밍아웃과 성공한 커밍아웃을 대비시키며, 남들 보기에도 그럴듯한 시민으로 살아가는 자수성가형 동성애자를 칭송한다. 이런 문화 속에서 커밍아웃에 성공하려면 일단 사회적으로 성공하고 경제적으로 안정되어야 한다. 한채윤은 동성애자에게 당당함을 요구하는 사회는 동성애자로서 사는 행복에는 관심을 두지 않는다는 점에 주목하고, 동성애라는 '상태'를 삶 전체로 환원하는 인식론에 저항하자고 제안한다. 한채윤의 글은 사회적 약자를 피해자로만 이해하고, 피해자가 당당할 것을 요구하면서도 지배 규범에 거슬리지 않기를 바라는 피해의 '순치(馴致, domestication)' 문제를 다룬다. 그런 점에서 이 글은 소수자=약자=피해자라는 공식에 대한 문제 제기이기도 하다.

루인의 글은 한국 최초로 단행본에서 '패닉 방어'의 문제를 다룬다. 이 글은 피해와 가해라는 문제에 대한 새로운 사유를 요구하는 사건을 다룬다는 점에서 주목해야 하는 논문이다. '패닉 방어'만큼 피해자 유발론의 해악을 생생하게 증명하는 사례도 없을 것이다. '패닉 방어'란 게이/트랜스를 죽인 살인범이 법정에서 자신의 범죄 행위를 변명할 때 사용하는 담론 전략이다. 이들은 상대방의 성별 정체성 혹은 성 정체성 때문에 자신이 너무 놀라 우발적으로 살인을 하게 된 거라며 자신의 범죄 행위는 '패닉'의 결과이므로 '정당방위'라고 주장한다. 이처럼 '패닉 방어'라는 가해자의 자기 정당화 전략은 소수자 혐오를 정상적인 심리적 반응으로 승인하는 사회를 기대하지 않고는 이루어질 수 없다는 점에서 매우 '보편'적인 문제다. 가해자는 피해자의 성별 정체성 혹은 성 정체성을 알게 되어 가해 행위가 충동적으로 '유발'되었다고 말한다. 하지만 이들은 '이미' 알고 있었다. 이 점은 혐오 감정이 폭력의 원인이 아니며, 혐오는 사후에 구성된다는 점을 분명하게 보여준다.

하지만 루인은 패닉 방어 전략을 금지하여 문제를 해결하자는 식의 접근을 경계한다. 가해자가 자신의 행동을 패닉 방어로 설명하려는 시도는 지배 규범의 사후 적용이 아니라 지배 규범이 구성되는 과정이다. 자신이 여자라고 생각한 상대방에게 음경이 있다는 걸 알았다고 하여 살인을 저지를 정도의 패닉에 빠진다는 것은, 바꾸어 말해 이성애-남성성이 얼마나 취약한 정체성인지를 드러낸다. 가해자는 무려 살인을 저지르고도 반성을 모른다. 살인이라는 행위는 이성애-남성성을 자연스럽고 바람직한 정체성으로 규범화하려는 젠더 이분법과 이성애 중심주의에 의해 정당화되기도 하기 때문이다. 하지만 바로 그렇기 때문에 정당화의 위기가 도래한다. 글쓴이가 패닉 방어를 혐오의 정동이나 차별의 정치가 아니라 젠더 이분법을 지배 규범으로 정식화하려는 시도로 해석하려는 이유는 젠더를 둘러싼 지배 규범의 변화 가능성을 찾아보기 위해서이다. 즉, 지배 규범이 살인자의 변명으로 인용될 때만큼 지배 규범이 불안정해지는 순간이 있겠는가.

페미니즘은 언제나 연대의 정치였다. 하지만 신자유주의 시대 현상일까. 이 연대의 정치를 부정하는 페미니즘이 등장했다. 페미니즘의 대중화 이후 '놀랄 만한' 현상이다. 이들은 피해 여성들의 현실에 "우선 주목해야 한다"며 "여성 우선"의 정치를 주장한다. 오랜 시간 동안 페미니즘은 남성 중심의 사회 운동에서 늘 부차적인 문제로 취급받으며 '나중'으로 미뤄졌다. 정희진은 "여성 우선"을 외치며 자신 외 다른 여성들에게는 "나중에"를 외치는 여성들에게 질문한다. 누가 '진정한' 여성인가? 가장 심각한 피해는 누가 정하는가? 우선 순위는 사회 정의와 어떻게 연결되는가? 정희진은 이러한 현상은 남성 정치의 모방일 뿐 아니라, 신자유주의 시대 자아 개념의 변화와 함께 페미니즘에도 각자도생의 시대가 도래한 결과라고 본다. 이를 규명하기 위해 자본주의 역사와 자아 개념의 관계, 특히 온라인 매체의 정치경제학을 분석하면서 페미니즘이 자기 해방의 정치학이 아니라 자아실현의 도구가 된 것은 아닌지 우려한다. 페미니즘은 정체성의 정치학 자장 속에서 여성이 서로 동일시하도록 만드는 정치적 전략을 사용해 왔지만, 한편으로 이를 끊임없이 경계하고 성찰해 왔다. 어떤 여성과 동일시할 것인가는 언제나 권력의 문제였기 때문이다. 백인 여성? 이성애자 여성? 젊은 여성? 비장애인 여성? 누가 여성의 '기준'인가라는 질문은 여성주의 이론의 역사 그 자체이다.

물론, 정희진은 정체성의 정치로서 페미니즘은 남성 중심적인 보편성에 '차이'를 제기함으로써, "인간=남성"이 아님을 주장하는 급진적인 정치였고, 현재도 그러하다고 거듭 강조한다. 정체성의 정치는 억압받는 개인이 억압받는 집단에 자신을 '소속'시키는 과정이며, 이렇게 구성된 사회적 약자의 정체성은 새로운 공동체를 만드는 근거가 된다. 이는 국가를 중심으로 정치를 사유하지 않는, 사회를 민주화하는 과정이다. 하지만 정체성의 근거가 피해에 머무르게 되면, 여성들은 고통을 경쟁하고 피해를 자원으로 삼는 남성 사회가 원하는 성 역할 수행 주체가 됨을 잊지 말아야 한다고 주장한다. 이 글의 요지는 이것이다. 페미니즘은 피해자 정체성의 정치가 아니고 피해 역시 그 자체로 사실이 되지 않는다. 현재의 '미투' 운동처럼, 피해자가 자신의 피해 경험을 말하는 것은 사실의 공표라기보다는 '담론적 실천'이다. 그리고 이러한 담론적 실천이 사회 정의로 수용될 때 비로소 사회의 변화는 가능해진다.

도란스 총서 기획이 벌써 3권째 독자를 만난다. 도란스 총서는 각 구성원들의 개별 작업보다 훨씬 더 많은 시간이 든다. 도란스 구성원들은 이 '비효율적인' 지식 생산 방식을 유지할 수 있을지 매번 회의하고 의심했다. 특히, 이 책은 우리에게 꽤 큰 용기를 요구했다. 이번 책에 실릴 글을 위해 필자들은, 몇 번에 걸쳐서 여러 버전의 글을 새로 쓰는 '중노동'을 반복했다. 이 '들어가는 글' 역시 도란스의 다른 책처럼 성원들의 공동 작업을 통해 수없이 첨삭과 수정을 거쳤다. 과장 없이 말하자면, 피해로 인한 고통을 언어화하고 그것을 다시 지식의 영역으로 만드는 일은 '다시 태어나는 것만큼' 힘들었다. 하지만 고통 없이 얻을 수 있는 지식은 없다. 이 책을 내보내도 될까. 우리는 끝까지 고

민했다. 독자들의 응답을 통해 대화와 토론이 이어지기를 기다
리며, 드디어 글을 맺는다.

2018년 2월,
필자들을 대신하여 권김현영 씀

성폭력 2차 가해와
피해자 중심주의의 문제[1]

권김현영 | 《한국 남성을 분석한다》, 《언니네방1, 2》, 《남성성과 젠더》의 편저자이고, 《양성평등에 반대한다》, 《성의 정치 성의 권리》, 《성폭력에 맞서다》, 《대한민국 넷페미사》, 《페미니스트 모먼트》 등 다수의 공저가 있다. 한국성폭력상담소, 언니네트워크 등에서 일했고, 여러 대학에서 "젠더와 정치", "대중문화와 섹슈얼리티", "페미니즘 정신분석학" 등의 과목을 가르쳤다. 여성주의 연구활동가라고 불리는 것을 가장 좋아한다.

들어가며

침묵이 목소리가 되어 나올 때

여자 몇이 모여 대화를 나누다 보면 가끔 이런 밤이 온다. 이야기가 무르익고, 술도 잘 들어가고, 전례 없이 마음의 방어벽이 말랑해져 내밀한 이야기가 쏟아지는 밤. 성폭력은 그런 밤에 자주 등장하는 이야기였다. 그런 밤이 지나고 나면, 다들 술자리의 기억을 되새기는 건 매너가 아니라고 말하며 '낮의 삶'을 살아갔

1) 이 글을 쓰기까지 많은 분들의 도움이 있었다. 2017년 5월 15일 개최된 '2차 가해와 피해자 중심주의의 문제'에 대한 토론회를 함께 기획하고 발표한 연구자 동료인 전희경과 오혜진, 급작스러운 토론회 제안에도 주최로 함께 해준 한국여성민우회, 토론을 함께 해준 김수경, 김주희, 김보화에게 감사드린다. 초벌 글의 문제의식을 응원하며 의견을 내준 '나무연필'의 임윤희, 2015년 이후의 페미니즘 정치와 지형에 대한 시야를 나눠준 페미몬스터즈 활동가 이지원, 문단 내 성폭력 연대자의 활동 경험을 나눠준 〈탈선〉의 오빛나리의 의견은 글의 균형을 잡는 데 큰 도움이 되었다. 특히 서로를 끝까지 밀어붙이는 토론을 해주는 도란스 구성원들이 아니었다면, 이 글은 끝내 완성되지 못했을 것이다.

다. 오랫동안 성폭력은 도시 괴담의 소재가 되거나 작은 시골 마을의 수군거림 속에만 존재하는 이야기였다. 세상이 바뀌었다고 해도 당사자가 앞에 나서는 일은 드물었고, 전보다 말할 기회가 많아졌다고 해도 당사자의 목소리로 사회적 공론의 장이 만들어지는 일은 좀처럼 생기지 않았다. 오죽했으면 여성 단체에서 '성폭력 생존자 말하기 대회'를 열었을까. 이 행사는 원래 공론장을 만들기 위한 구상으로 시작되었으나, 참가자들이 원한 건 안전한 공간이었다. 사전 신청을 거쳐 참가자를 제한하는 등 여러 겹의 안전 장치를 마련한 다음에야 참가자 모집이 가능했다.[2] 2003년의 일이다.

지금은 달라졌다. 성폭력 피해 당사자가 인터넷을 통해 직접 자신의 피해 경험을 말하는 일은 그렇게 드물지 않다. 특히 2016년 강남역 살인 사건 이후에는 확연히 달라졌다. 강남역에서 일어난 살인 사건 이후 분노한 여성들은 행사장마다 너도나도 마이크를 잡고 일상에서 겪은 성적 공격에 대한 경험담을 쏟아냈다. 개인만이 아니라 특정 집단 내에서 벌어진 여성 혐오나 성폭력 문제를 고발하는 목소리가 ○○ 내 성폭력, ○○ 내 여성 혐오라는 해시태그를 달고 연속적으로 이어지기도 했다. 당사자의 목소리에 공감하는 이들이 중심이 되어 온라인상의 연대와 지지가 조직되

---

2) 한국성폭력상담소에서는 2003년부터 2017년까지 연 1회 이상 다양한 규모의 말하기 대회를 개최하고 있다.

는 변화도 생겨났다.[3] 이들은 "성폭력의 생존자일 뿐만 아니라 성정치를 주도해 갈 직접행동주의자"[4]로서 대중 앞에 섰다.

규모와 대중성이라는 측면에서 이러한 전례 없는 성폭력 피해 고발이 가능해진 이유는 다음 세 가지이다. 첫째, 인터넷이라는 물적 조건이 성숙했고, 둘째, 소셜네트워크라는 뉴미디어가 등장했으며, 마지막으로 인터넷 의사소통에 능숙한 여성 '대중'이 강남역 사건을 계기로 직접 행동에 나섰기 때문이다. 이 세 가지가 시너지를 낸 결과, 2016년에서 2017년에 이르기까지 소셜네트워크를 통한 성폭력 피해 고발이 줄을 이었다. 2018년 1월에는 현직 검사가 자신이 검찰 내부에서 겪은 성추행 피해와 피해 이후의 불이익에 대해 직접 방송에 나와 고발하는 일도 있었다. 그렇다면 피해 경험을 쉽게 말할 수 없었던 과거와는 달리 말할 수 있게 된 지금은 과연 상황이 나아진 것일까? 나는 피해자가 자신의 피해 사실을 직접 말하고, 이에 더는 침묵하지 않겠다며 지지를 표명하는 사람들의 연대가 그 전보다 한 걸음 더 나은 방향으로 움직였다는 데 이견이 없다. 하지만 폭로 이후에 긴 여

---

3) 〈씨네 21〉에서는 2016년 11월 7일부터 2017년 1월 18일까지 총 11번에 걸쳐 영화계 내 성폭력 문제에 대한 연속 대담 기사를 기획했다. 사진 비평 잡지 〈VOSTOK〉은 '페미니즘: 반격하는 여성들'이라는 특집을 기획하고 사진업계 성폭력 사례 설문 조사를 첨부했다.(〈VOSTOK〉, 2016년 11 · 12월호, Vol.1) 문단 내 성폭력 문제는 독립 잡지(〈더 멀리〉 11호, 2016)에서부터 문예비평지(〈문학과 사회〉, 2016 겨울호, 116호, 문학과지성사) 등에서 기획 특집의 형태로 중요하게 다룬 적이 있다.
4) 고등어 외 42인, 한국여성민우회 기획, 《거리에 선 페미니즘 – 여성 혐오를 멈추기 위한 8시간, 28800초의 기록》, 궁리, 2016.

정이 있다는 것 또한 알고 있다.

피해자가 직접 나와 말해야만 하는 상황은 그 자체로 비상사태이며, 시스템에 대한 신뢰가 무너졌을 때 일어나는 일이다. 피해 당사자의 목소리로 직접 이야기할 때에야 비로소 변하는 것이 있다는 점에서 피해자의 직접행동주의는 매우 힘이 세지만, 그만큼 당사자에게 커다란 부담을 안겨준다. 모든 피해가 공론장에서 잘 이야기될 수 있는 것도 아니다. 침묵도 더는 답이 아니다. "아나운서가 되려면 다 줄 각오를 하라."는 말을 농담이랍시고 던진 정치인은 성희롱 유죄 판결을 받았지만 그 말을 직접 들었던, 언론고시를 준비하던 대학생들은 정작 사과 한마디 듣지 못했다. 당시 한 기자는 나에게 대학생들이 기자를 지망하면서도 용감하게 나서지 않았다며 기자로서 이들의 자질을 의심한다고 말하기도 했다. 피해자를 비난하고 고립시키는 기제는 이토록 다양하다.

말하기 이후

그러면 자신이 당한 피해를 말하면 어떻게 되는가? 사건이 발생한 즉시 고소한 피해자는 어떻게 그렇게 매뉴얼처럼 완벽하게 대응했냐며 수사 기관으로부터 의심을 사기도 한다. 시간이 지나 피해 사실을 증언하겠다고 결심한다 해도 피해자의 용기에 대한 격려는 잠시뿐이고, 대부분의 피해자는 직접적인 명예 훼손과 무고 위협에 시달리며, 폭로의 의도를 의심받곤 한다.

피해 사실 공론화에 동참한 지지자들 역시 어려움을 겪는다. 용기의 대가가 신상 위협으로 이어지는 사회에서 피해자는 자신을 지지하고 연대했던 이를 가장 미워하기도 한다. 자신의 피해를 앞세워 대의를 확인하려던 건 아니냐며 피해자가 연대자를 비난하는 경우는 자주 목격하고 경험한 일이다. 성폭력 사건의 지지자와 연대자들은 자신이 성폭력 문제를 공론화하려는 목적에서 한 인간의 불행을 수단으로 삼은 것은 아닌지 스스로 계속 묻는다. "원래 친구나 가족도 아니고, 대의를 보고 연대한 건 당연한 일인데 왜 그렇게 자책하세요?"라고 물었을 때, "그렇게 말해도 되나요?"라며 놀라던 분들이 실제로 있었다. 끊임없이 피해자를 비난하고 의심하는 문화 속에서 피해자와 함께 손을 잡고 앞으로 나아간다는 것은 이토록 어렵다. 그리고 바로 이런 문화 속에서 '피해자 중심주의'라는 담론과 '2차 가해'라는 용어는 피해자를 지켜줄 수 있는 유일한 대항 담론의 지위를 지닌다.

피해자들은 말한다. "우리의 목소리를 들어라." 이 말은 피해 경험에 대한 해석을 있는 그대로 믿자는 뜻은 아니다. 결론부터 말하자면, 나는 피해자의 말이 무조건 옳다고 믿거나, 피해자를 무조건 지지하겠다는 태도야말로 피해자를 타자화하는 일이라고 생각한다. 피해자에게 피해 상황을 독점적으로 해석할 수 있는 권리를 부여하거나 가해자에 대한 처벌 수위를 결정할 권리가 있다는 생각은 피해자를 사회의 동등한 구성원으로 존중하지 않는 것이다. 피해자는 완전무결한 존재가 아니다. 이 말은 순진무구하고 무해한 피해자상을 강요하는 사회에 대한 비판이기도 하지만, 피해자를 보호 대상으로만 여기는 지지자와 연대자도 귀 기울여야 하는 말이다. 피해자 대신 대리인이 나서서 피해자의 요구사항을 전달하는 형식 사이에서 피해자는 소외되고 대리인은 소진되곤 했다. 성폭력 사건 해결을 위한 전문가 자문을 요청받아 사건 자료를 검토하러 가면 진상 조사 보고서가 없는 경우도 있었다. 이들은 진상 조사 과정에서 '2차 가해'라는 문제 제기가 있어 조사를 중지했지만, 자신들은 '피해자 중심주의'에 입각해 문제를 해결하고 싶다고 말했다. 보통 성폭력 사건은 사건이 접수되면, 피해자-가해자-주변인의 순으로 진술을 받고, 해당되는 진술을 종합해 진상조사위원회에서 사건의 해석과 판단을 내린다. 이 해석과 판단 과정에서 피해자 입장을 충분히 고려하는 것이 원칙이다. 하지만 아주 기초적인 조사조차 제대로 되어 있지 않은 경우도 있었다.

이상의 상황을 종합해보았을 때 나는 현재의 성폭력 담론이 성폭력을 '사회적인 문제'로 구성해내는 데 실패하고 있다고 생각했다. "개인적인 것이 정치적인 것"은 급진적 페미니즘의 구호였다. 이 구호대로 성폭력은 개인의 비극이 아니라 여성들이 주로 겪는 집단적인 문제로 인식되고 드러났다. 하지만 그 이후가 문제였다. 성폭력 관련 법 제도를 제정하고 실행하는 것은 매우 중요한 일이지만 이것만으로는 근본적인 변화가 이루어지지 않는다. 순결 신화와 강간 문화가 강력하게 결합해 있는 사회에서는 대부분의 여성들은 강간 피해자가 될 수 '없다'. 피해자가 술을 마셨거나, 밤늦게 다녔거나, 가해자와 아는 사이였거나, 사적 공간에 드나드는 것을 허용했다면 말이다. 많은 여성들은 여전히 자신의 행동에도 책임이 있다고 생각하기 때문에(내가 거기를 왜 갔을까. 왜 즉각 거부하지 않았을까. 왜 아무 일도 없을 거라는 상대의 말을 믿었을까.) 성폭력 피해를 고소하지 않는다. 당사자 간의 법적 분쟁을 넘어서, 무엇이 왜 문제인지에 대한 사회적 논의가 필요한 이유다.

그러나 여성에 대한 폭력 문제를 다루는 페미니즘 인식론은 "개인적인 것이 정치적인 것"이라는 구호 이후 교착 상태에 빠졌다. 법 담론 중심의 피해자 권리 담론은 문제를 다시 개인적인 차원으로 이동시켰고, 성폭력에 대한 페미니즘적 판단 기준으로 제시된 '합리적 여성'부터 '피해자 관점' 등은 충분히 정당화 (justification)되는 과정을 거치지 못한 채, '피해자 중심주의' 같은 이름으로 규범화되었다. 나는 페미니즘 지식의 대항 담론적 성격이 인정되는 대신에 '피해자 중심주의'라는 새로운 도덕주의가 그 자리를 차지하게 되었다고 생각한다. 여기에는 공동체 내에서 문제를 해결하고자 했던 좌파(운동권)들이 성폭력 문제를 '해결' 하기 위해 페미니즘 지식을 기계적으로 적용했던 문제가 있다.

집단의 대의 혹은 조직의 안녕을 위해 피해 자체를 드러내지 못하게 했던 운동권 내 가부장성 문제는 2000년대에 집중적인 비판의 대상이 되었다. 그 결과, 성폭력 문제는 이제 은폐되기보다는 적극적으로 '관리'되기 시작했다. '2차 가해'라는 용어와 '피해자 중심주의'라는 담론이 특히 좌파(운동권)에 의해서 적극적으로 채택되고 적용되었다. 그 결과, '2차 가해'라는 용어는 진상 조사 자체를 불가능하게 만드는 방식으로 남용되었고, '피해자 중심주의'라는 담론은 피해자의 주관적 감정에 지나치게 독점적인 권위를 부여하는 방식으로 오용되었다. 공론장에서 계속 합의되고 갱신되어야 하는 성폭력 판단 기준에 대한 논의는 좀처럼 진전되지 않았다. 지금까지의 판단 기준은 성별, 계급, 나이 등에 따른 권력 관계에서 약자의 위치에 있는 사람의 편을 들어주는 방식('피해자 중심주의')이었다. 그러나 위치 자체가 곧 피해의 근거가 된다는 생각으로는 권력 관계를 변화시킬 수 없다. 나는 오히려 소수자나 약자라는 위치를 방패 삼는다는 이유('피해자 코스프레'라는 악의적인 말이 잘 드러내듯)로 소수자나 약자에 대한 혐오가 더욱 기승을 부리게 되었다고 생각한다.

다만 이 글이 2차 피해 문제의 심각성을 흐리게 만들거나, 가해자 중심 사회에서 가해자의 입장을 옹호한다고 오독되거나, 가해자의 편을 들려는 목적으로 사용되지 않기를 바란다.[5] 나는 가해자 측에 합리화의 무기를 쥐어줄 수 있다는 우려 때문에, 이런 글을 써도 될지 오랫동안 망설였다. 우리 사회에서 일어나

---

5) 이 글의 문제의식을 발표했던 2017년 5월 15일에 열린 토론회 당일에도 가해자를 조직적으로 옹호한다는 지목을 받은 당사자 단체가 자료집을 제작해 판매하는 일이 있었다.

는 성폭력 사건 대부분은 여전히 피해자의 말이 무시되고, 사건이 은폐되며, 특히 조직 내부에서 사건을 처리하면 가해자는 아무런 타격도 받지 않고 끝난다. 그럼에도 글을 쓰는 이유는 피해자의 용기 있는 직접행동으로 인해 겨우 변화의 가능성이 열려도, 그 이후에 문제가 해결되기는커녕 가해자들이 피해 사실의 진위 여부를 의심하는 여론을 만드는 데 성공하거나, 연이은 폭로로 인해 피로감만 쌓이고 문제는 아무것도 해결되지 않는 일이 반복되고 있기 때문이다. 피해자를 비난하는 문화는 여전히 힘이 세다. 하지만 문제의 빈틈을 타고 떨어진 골짜기 아래에서 피해자와, 그와 손잡은 연대자들이 길을 잃었을 때 반격(backlash)은 더 거세게 돌아오는 법이다. 반격에 굴하지 않고 새로운 변화의 흐름[6]이 지속되고 있는 바로 지금이야말로, 반(反)성폭력 운동의 '내부'에 머물러 있던 논의[7]를 공론의 장에서 토론할 수 있다는 기대를 품고 이 글을 쓴다. 이 글이 질문하는 것은 두 가지이다. 첫째, 성폭력 피해에 대해서 어떻게 말하고 들을 것인가. 둘째, 2차 가해 금지와 피해자 중심주의라는 원칙은 과연 사회를 변화시킬 수 있는 전략인가.

---

6) 박주연, "여성들이여, 세상을 바꿀 시간이 되었다! - 미투(#Metoo) 운동이 타임즈업(Time's up)의 결실을 맺기까지", 일다(http://m.ildaro.com/8093).

7) 관련된 논의는 다음을 참조할 것. 전희경, "공동체 성폭력 이후, 새로운 관계를 상상하다", 《공동체, 성폭력을 직면하고 다시 사는 법: 공생의 조건》, 한국여성민우회, 2012, 미간행; 성화(민주노총 여성위원회), "우리는 공유된 기억을 가지고 있지 않다", 같은 책.

'2차 가해'라는 문제 설정

'2차 피해'라는 문제

'2차 피해'라는 문제부터 검토해보자. 성폭력 2차 피해[8]는 성폭력 문제를 여타의 폭력과 구분해주는 핵심적인 문제다. '2차'라는 뜻의 'second'는 'social'과 혼용된다. 성폭력 2차 피해는 다른 말로 '사회적 강간(social rape)'이라고 불린다. 성폭력이 다른 범죄 피해와 구분되는 특이점은 인종, 계급, 국적 같은 다른 어떤 종류의 주변적 위치보다도 성별, 성 경험, 옷차림 따위가 강력한 유죄 판단의 근거로 작동한다는 점이다. 이 부분이 성폭력이 다른 폭력과 달라지는 지점이고, 피해자의 대부분이 여성인 이유이다.

형사 사법 절차 과정에서 경찰이 피해자의 말을 불신하고, 조사 과정에서 피해자가 소외와 배제를 경험하며, 법정에서 가해자의 말을 근거로 삼아 판결이 내려지는 일련의 상황을 모두 2차 피해라고 한다. 이미경에 의하면, 성폭력 피해자들이 가장 자주 겪는 2차 피해는 다음과 같다. 1) 피해자 비난, 화간 의심 2) 무시, 무성의, 불친절, 부정적 견해 3) 합의 강요 4) 사생활 침해, 신변 위협 5) 절차 고지 안내 부족 6) 반복 진술, 신뢰 관계

---

8) 2차 피해라는 말 자체는 범죄피해자학(victimology)에서 사용하기 시작한 개념이다. 형사 소송 과정에서 피해자 권리가 도외시되어 온 현실을 반성하기 위해 만들어졌다.

인 동석 거부, 무고 위협.[9] 이중에서도 가장 자주 발생하지만 해결하기 어려운 것은 1)번과 2)번이고, 2차 피해를 예방하기 위한 법적 보호 장치가 만들어진 것은 3)번부터 6)번 조항까지다. 가족 등 주변인의 조력을 받을 수 없는 상황에 놓인 피해자는 가족 외에 친구나 전문 기관의 도움을 받을 수 있어야 한다. 이것이 진술 조력인 제도를 도입한 이유이다. 수사에서 재판으로 이어지기까지 걸리는 시간, 각 절차마다 필요한 정보에서 피해자가 소외되지 않도록 고지 의무(告知 義務)가 만들어졌다. 그러나 피해자들에게 가장 심각한 고통을 초래하는 비난과 소문 문제는 이런 법적 조치로는 해결되지 않는다. 명예 훼손이나 모욕죄로 고소를 한다고 해도 소문은 잠잠해지지 않는다. 2차 피해는 피해자를 비난하는 문화 자체가 없어져야만 해결될 수 있다.

피해자를 비난하는 문화는 성폭력 사건 해결 과정 전반에 걸쳐 큰 문제를 야기한다. 이런 문화에서는 피해자 대부분이 가족의 도움을 구하기 어렵지만, 가해자의 적극적인 조력자는 대부분 가족이다. 나 역시 사건 해결을 지원하면서 여러 번 봉변을 당한 적이 있는데, 가해자보다 가해자의 가족이 더 지독했다. 가해자의 가족들은 가해자를 대신해 무릎을 꿇고 빌기도 하고, 피해자에게 가만두지 않겠다고 협박하기도 했다. 피해자가 사건이

---

9) 이미경, 〈성폭력 2차 피해를 통해 본 피해자 권리〉, 이화여대 박사학위 논문, 2012, 54쪽

가족에게 알려지는 것을 원치 않을 경우에 이런 협박은 매우 치명적이었다. 그런데도 피해자를 보호해야 할 수사 기관에서 '합의를 하라'며 가해자에게 피해자의 개인 정보를 유출하는 일도 빈번하게 일어났다.[10] (사실상 범죄 교사 행위다.) 피해자가 의료 조치 과정에서 적절한 배려와 설명을 듣지 못하고 "몸을 함부로 굴렸다"는 말을 듣거나, 언론이 사실 관계를 보도하는 과정에서 가해자 입장만을 전달해 피해자를 사실상 꽃뱀 취급 하거나, 선정적인 표현으로 사건 자체의 초점을 흐리게 하는 것 역시 모두 피해자를 비난하는 문화의 산물이다. 즉, 2차 피해란 1차 피해 문제를 해결하는 과정에서 성차별주의와 잘못된 성 통념으로 인해 피해자가 마주하게 되는 부당한 일을 총칭한다. 또한 2차 피해는 성폭력이 다른 폭력 일반과 어떻게 다른지를 알게 해주는 척도와도 같다.

성폭력은 이성애 중심주의의 문제이자 성별 권력 관계의 문제이다. 남자도 성폭력을 당한다거나, 성희롱은 권력 관계의 문제라는 말로는 성폭력이 왜 성별 간 권력의 문제이며, 이성애 중심주의의 문제인지를 설명할 수 없다. 이는 남자는 피해자가 될 수 없다거나 여자는 가해자가 될 수 없다는 말이 아니다. 이런 사건들은 문화적으로 '정당화'되지 않는다. 예를 들면, 남자와 남

---

10) 한국여성변호사회, 〈성폭력 2차 피해 예방을 위한 세미나 – 수사 기관, 법원, 언론, 가해자 등에 의한 2차 피해를 중심으로〉, 한국여성인권진흥원, 2016, 18~19쪽.

자 사이에 일어난 성폭력 사건에 대해 "피해자가 피해를 당할 만했다."고 비난하는 문화는 없다. 여자 직장 상사의 성적 괴롭힘을 고발한 남자 직원은 남성성에 대한 고투와 낙인이 있을지언정 "큰일 하는 여자가 그럴 수도 있지."라는 식의 이야기를 듣지는 않는다. 다시 말해, 성폭력 2차 피해는 여성의 몸과 섹슈얼리티를 남성의 눈으로 평가하고 조정하려는 성별 권력 관계가 작동해서 '정당화'되는 과정 전반에 걸쳐 일어난다. 이런 문화에서 피해자는 숨고 침묵하며, 문제 해결은 요원해진다. 법적 해결을 모색하는 데에도 한계가 있다. 이럴 때 등장한 것이 바로 '2차 가해'라는 용어였다.

'2차 가해'라는 용어의 쓸모

'2차 가해'가 문서상으로 처음 공식화된 것은 2005년부터이다. 2차 가해 조항을 처음으로 명문화한 전국금속노동조합(이하 금속노조)에서는, 2차 가해를 1차 가해와 동일한 처벌 대상으로 취급하고 있다.[11] 이 규정에 따르면, 성폭력 2차 가해란 "가해자 또는 제3자가 정신적인 협박이나 물리적인 강압 또는 다른 수단으로 피해자를 괴롭히는 행위로서, 가해자가 피해자와의 접촉을 시도하거나, 가해자에 동조하는 언동, 사건을 축소·은폐·왜곡하기 위한 언동, 피해자를 음해하는 언동 등 피해자에게 재차

---

11) 전국금속노동조합, 《규약규정집》, 2010.

의 피해를 주는 행위"를 말한다. 금속 노조를 비롯한 노동자 단체와 대학생 조직, 시민 사회 단체 일부에서도 2차 가해와 관련된 징계 조치를 규약에 명시하고 있다. 이 단체들은 성폭력 사건에 대한 고발이 접수되면 대체로 법의 힘을 빌리지 않고 내부 규약과 규율을 통해 문제를 해결하고자 한다. 그래서 다음과 같은 의문과 반론이 제기되어 왔다. 왜 성폭력이라는 범죄를 수사와 재판이라는 사법 체계를 거치지 않고 해결하려 할까. 사적인 복수로 귀결되지 않고 조직 차원에서 정의를 실현할 수 있는 길이 있을까. 가해자와 피해자가 속한 조직이 문제 해결의 의지가 있어 내부에서 징계 절차를 실행한다고 해도, 가해자는 승복하지 않고 해고 무효 소송을 걸거나 징계 철회를 요구하는 행정 소송을 벌이곤 한다. 그래서 성폭력 문제는 공동체 규약이 아니라 법정에서 해결하자고 말하는 사람들도 있다.

하지만 문제는 그렇게 간단하지 않다. 일단 한국에서는 강간 사건이 성립되는 조건으로 폭행 혹은 협박을 동반한 강제력이 행사되어야 하는 최협의(最狹義)설을 여전히 채택하고 있다. 최협의설에 따르면 저항의 증거를 신체에 남길 정도로 강력하게 거부 의사를 표현했을 때에만 강간으로 인정된다. 따라서 증거 중심으로 유죄 여부를 가리면, 대부분의 사건은 '증거 불충분'이 된다. 성폭력 사건 대부분이 증거를 채택하기 어려운 상황에서 증거주의와 최협의설을 고집하는 재판부에 대한 비판 여론이 높았던 이유다. 그래서 최근에는 최협의설을 고수하지 않고 일관성 있는 진술, 믿을 만한 정황, 거부 의사 표현 여부 따위를 고려하여 유죄 판결을 내리는 경우가 점점 늘어나고 있다.

그런데 가장 보수적인 법정에서조차 점점 유죄 판단의 협소성에 대한 판단 기준을 변화시키고 있는 상황에, 증거주의를 주장하고 나선 단체가 있다. 해당 단체에서는 2차 가해와 피해자 중심주의의 폐해를 지적하며 '증거주의'를 주장하고 있다. 피해자의 진술을 지속적으로 부인하고 가해자의 진술을 옹호해 온 것으로 알려진 단체이다. 이 단체에서는 가해자를 옹호하기 위해 2차 가해와 피해자 중심주의 문제를 제기하며, 대안으로 증거주의를 제시하고 있다.(가해자를 보호하다가 사법부보다 보수적인 판단을 하게 되었다는 점에서 반면교사의 가장 극명한 사례라고 할 만하다.)

다시 강조하건대, 피해자를 비난하는 문화는 우리 사회에 광범위하게 퍼져 있다. 피해자는 눈에 띄는 옷차림을 하고, 관심받고 싶은 욕망으로 공사의 경계를 쉽사리 넘는 위험한 존재이자, 의사 표현이 불분명한 미성숙한 사람이나 '요부(femme-fatal)'로 묘사된다. 한마디로 믿을 수 없는 사람이라는 이미지다. 이런 사회에서 유일하게 '합리적'인 해결책은 피해자의 침묵이다. 이것이 성폭력 범죄가 통계에 제대로 잡히지 않는(hidden crime, 暗數犯罪) 이유다. 피해자 비난 문화에서 강간은 대규모로 자행되고 쉽게 숨겨진다. 신고해서 드러난 경우만으로 한정하더라도 2014년 미국에서는 18세에서 24세 사이 여성 11만 명이 강간 피해를 입었고, 한국의 경우 유죄 판결이 나온 것만을 대상으로 해도 2015년 기준으로 2만 1천여 명이 강간 및 강간에 준하는 피해를 입었다. 신고율, 기소율, 유죄 판결과 실제 발생률 사이의 간극이 엄청난데도 이 정도이다. 2012년에 발표된 한 자료에 따르면, 미국 내 강간 사건 신고율은 5~20퍼센트, 기소율은 0.4~5.4퍼센트, 실형을 선고받는 비율은 0.2~2.8퍼센트이다. 강간 가해자의 90퍼센트는 법망을 피해 간다.[12]

강간이 쉽게 숨겨지는 이유는 가해자가 피해자와 가까이 있고, 피해자가 취약하기 때문이다. 2015년 성폭력 실태 조사에 따르면 강간은 아는 사람이 가해자인 비율이 매우 높고(77.7퍼센트), 강간 발생 장소 1위는 가해자와 피해자의 집(36.6퍼센트)이며, 강간 피해 여성 중 63.1퍼센트가 19세 미만일 때 피해를 당한다.[13] 이 정도로 피해 규모가 큰 범죄인데도 여전히 강간은 판타지가 되고 농담 거리가 되며 문학적 은유로 사용된다. 피해자의 자작극 같은 매우 예외적인 상황이 먼저 상상되거나 일반적인 상식으로 인식되며, 피해자가 느낀 혼란은 동의의 증거로 채택된다. 이런 상황에서 "법으로 해결해, 경찰에게 가보라."는 말은 피해자에게 "네 말은 듣고 싶지 않다."는 말로 들릴 것이다.

---

12) Kimberly A. Lonsway & Joanne Archambault, "The 'Justice Gap' for Sexual Assault Cases : Future Directions for Research and Reform", *Violence Against Women*, Volume 18 issue 2, pp. 145~168.
13) 2016년 성폭력 실태 조사(국가 승인 통계 제154012호)

피해자는 시간과 건강, 평판과 인간관계까지 거의 모든 것을 희생할 각오로 법정에 선다. 법정으로 가지 않는 이유는 또 있다. 법정에서는 유죄 판단을 할 때 가장 보수적이고 엄격한 기준을 채택한다. 첫째, 상당한 이유(probable cause)가 있어야만 기소한다. 둘째, 합리적 의심(reasonable doubt)의 여지가 없는 증명이 이루어져야만 유죄이다.[14] 셋째, 피해와 가해 당사자는 반드시 특정되어야 한다. 즉, 법정에서는 강간 '범죄'를 다루지, 강간 '문화'를 처벌할 수 없다. 강간이라는 범죄를 없애려면 반드시 강간 문화를 변화시켜야 하지만, 법정에서 문화를 처벌하는 것은 불가능하다. 이 점이 공동체 차원의 해결이 여전히 우리의 선택지 중 하나가 되어야 하는 이유이다.

'2차 가해'라는 용어의 한계

성폭력 문제를 해결하려면 세 가지 층위의 접근이 필요하다. 바로 법적 처벌, 사회 규범의 변화, 개인의 치유이다. 공동체적 해결은 이중에서 사회 규범의 변화를 위한 노력에 해당한다. 1994년 '성폭력범죄의 처벌 및 피해자보호 등에 관한 법률'(이하 성폭력특별법)이 만들어졌다. 현재 한국의 성폭력과 관련된 법 제도는 세계 어느 나라에도 뒤지지 않는 수준이다. 하지만 일선에

---

14) 존 크라카우어, 《미줄라 – 몬태나 대학교 성폭행 사건과 사법시스템에 관한 르포르타주》, 전미영 옮김, 원더북스, 2017, 115~116쪽.

있는 대다수 담당 수사관의 인식 수준은 '일반 시민'의 인권 의식 수준에도 못 미치는 경우가 많다. 제도와 인식의 격차가 너무나 크다. 교육을 통해 "No는 No다.", "동의하지 않은 성관계는 성폭력"이라고 가르치지만, 법정에서도 일상에서도 이런 교육 내용이 적용되는 일은 드물다. 이런 격차를 해결하려면 사회 구성원들의 자발성을 이끌어내는 연성 규범(soft law)의 역할이 중요하다. 제도 내에 있는 행위 규칙들인 연성 규범은 법적 구속력은 없지만 일정한 간접적 효력을 지닌 규범을 말한다.[15] 2차 가해를 금지하는 규정이 실정법의 한계를 보충할 수 있는 연성 규범의 성격을 지니려면 이것이 새로운 사회적 상식이 되어야 한다. 그리고 새로운 사회적 상식이 만들어지기 위해서는 실정법과 문화 사이를 잇는 '신뢰할 수 있는 사회'가 있어야 한다.

그런데 '2차 가해'라는 용어가 본격적으로 쓰이기 시작한 2000년대 이후의 한국 사회는 안타깝게도 신자유주의가 확장 일로를 달리던 시기였다. '사회'가 붕괴되던 시기에 가장 사회적인 방식의 해결책이 도입된 것이다. '2차 가해'와 '피해자 중심주의'라는 용어가 일종의 '운동권 사투리'처럼 특정 공동체 안에서만 통용되는 개념으로 다소 비대하게 발달한 것은 이 같은 상황적 조건 때문이었다.

---

15) 이호선, "연성 규범을 통한 부패 방지를 위한 투명성 실천 방안 모색 – EU 로비 규제를 중심으로", 〈유럽 헌법 연구〉 제15호, 2014년 6월, 47~87쪽.

하지만 특정 공동체 내에서나마 '2차 가해'라는 용어는 분명한 효과를 거두었다. 노동조합 내부에서 성폭력 사건을 오랫동안 담당해 온 김수경 민주노총 여성국장은 피해자 비난 문화에 대한 어떠한 교육과 경고에도 말을 듣지 않던 이들이 2차 가해자를 처벌한다는 규정을 시행하자 비로소 입을 다물었다며, 이 규정의 유용성을 밝히기도 했다.[16] 그러나 민주노총처럼 사회적 유대에 기반을 둔 강력한 공동체가 아닌 곳에서는 '2차 가해'라는 용어가 강한 거부 반응을 불러일으켜 오히려 역효과가 났다. 특히 한시적인 특징이 강한 대학생 조직이나 당원들의 자발적 활동에 의해 운영되는 지역 당원협의회 같은 자치 조직에서 2차 피해를 유발한 가해자들을 처벌하는 것은 현실적으로 매우 어렵다. 그들은 잠적하거나 조직을 탈퇴했다. 이른바 대의를 공유하는 공동체 문화 바깥에서는 아예 논의의 대상조차 되지 않았던 것이다.

2000년대 중반부터 최근까지 나는 '2차 가해' 문제에 대해 계속 상담 요청을 받았다. 피해자는 문제 해결 과정에서 새로운 문제가 계속 발생하자 문제를 제기한 것 자체를 후회한다고 말했고, 지지자와 피해자 대리인은 피해자 중심으로 사건을 지원하지 않으면 2차 가해자가 될 수도 있다는 공포에 시달린다고

---

16) 김수경, 《2차 피해와 피해자 중심주의' 토론회 녹취록》, 2016. 한국여성민우회. 미간행.

했고, 2차 가해자로 지목된 이들은 사건에 대한 의견을 말하는 것만으로 가해자가 되는 것은 부당하다고 주장했다. 그리고 대부분의 사건은 피해자, 대리인, 가해자가 차례대로 조직을 떠나는 방식으로 정리되곤 했다. 2차 가해를 금지한다 해도 실제로는 효력이 없었던 것이다.

정희진은 여성에 대한 폭력 문제가 해결되기 어려운 이유 중 하나는, 이 문제가 피해 여성 개인의 고통보다 그 여성이 속한 집단(남성)의 명예와 관련되어 논의되어 왔기 때문이라고 지적한 바 있다.[17] 집단의 명예를 더럽힌 여성에게 생존권을 주지 않는 사회에서 성폭력 문제를 수면 위로 드러내는 것은 불가능하다. 1997년 구제금융 사태 이후 한국에서는 신자유주의 체제가 전면화되면서 그 어떤 집단도, 가족도, 사회도, 공동체도 버티지 못하고 차례로 붕괴되어 갔다. 각자도생만이 유일한 생존 원리가 된 사회에서, 어디에도 속하지 못한 여성은 더럽혀질 명예도 없으므로 더는 침묵할 이유가 없다. 말할 수 없게 만들었던 것이 사회 규범의 힘이었다면, 말할 수 있게 된 데에는 사회 붕괴라는 상황이 있었다. 이러한 맥락에서 '2차 가해'라는 말은 피해자를 비난하는 문화에 대응하는 '개인'의 전략으로 소셜네트워크를 통해 점점 더 자주 사용되었다.

---

17) 정희진, "인권과 평화의 관점에서 본 여성에 대한 폭력", 정희진 엮음, 《성폭력을 다시 쓴다》, 한울아카데미, 2003, 34쪽.

'2차 가해'는 점차 '2차 피해'를 대체하기 시작했다. "2차 피해를 입었다."고 말하는 대신, "2차 가해자는 ○○○."라고 말했다. 이 두 가지 표현은 전혀 다른 효과를 생산한다. 전자는 2차 피해라는 용어에 내포된 개념과 사례에 집중하게 하고, 후자는 누가 가해자인지에 초점을 맞춘다. 즉, '2차 가해'라는 용어에는 가해자를 특정하는 힘이 있다. "강간 문화가 문제야."라고 할 때보다, "네가 바로 문제야."라고 하는 것이 더 확실한 규제의 효과를 발생시킨다. 즉, 2차 가해라는 말은 가해를 저지른 행위자 자체에 주목하게 만든다. 앞서 설명한 대로 민주노총처럼 공동체의 규약에 대한 충성도(?)가 높거나 구성원들에게 영향력을 발휘할 수 있는 조직이라면 2차 가해라고 말하는 것만으로도 어느 정도 규제 효과가 있다. 토론을 하는 것보다 '확실'하다. 하지만 그런 영향력을 행사할 수 없는 조직이라면 '2차 가해'라고 언급하는 것은 오히려 문제를 더 악화시켰다. 그런 곳에서 가해자로 지목된 이들은 그들끼리의 결속력을 더욱 끈끈하게 하며 피해자를 고립시켰다.

최근 소셜네트워크는 익명의 폭로 공간이 되었고 그곳에서 더 많은 관심을 얻어내면 공론화에 성공한다는 공식이 만들어졌다. 성폭력 사건이 발생했다는 문제 제기에 동참하는 사람들이 가해와 피해의 구도를 만드는 일에 집중하는 동안, 이 문제 제기를 수용하지 않는 사람들은 아랑곳하지 않고 피해자를 모욕한다. 젠더 감수성이 높다고 자부하는 노동 단체, 인권 단체, 학생

단체가 높은 기준으로 성폭력에 대한 내부 규범을 강화한다 해도, 이 규범이 사회 전체에 통용되는 새로운 상식이 되기는 어렵다. 나는 '우리'(이 표현을 함께 사용했던 책임감을 담아서 말한다면)가 성폭력을 둘러싼 지배 규범(남성 중심적인 성 문화, 가부장적 사회 구조 등)을 바꾸기 위해 새로운 규범을 만들어내는 데 집중했다고 생각한다. 하지만 새로운 규범이 사회 전체의 상식이 되지 않는 한, 기존의 규범은 좀처럼 낙후되지 않는다.

성폭력 문제의 핵심은 해석을 둘러싼 투쟁이다. 그런데 피해자의 주관적 판단에 해석을 전부 위임하게 된다면, 성폭력은 대체 어떻게 사회적인 문제가 될 수 있으며, 반(反)성폭력의 정치는 어떻게 구성될 수 있는가? 이 말은 피해자의 말이 진짜인지 여부를 철저하게 조사하자는 것이 아니다. 우리가 판단하고 개입할 수 있는 페미니즘 정치학으로서 반(反)성폭력 운동은 피해자와 가해자의 진술에 대한 해석 투쟁의 영역이며, '2차 가해'라는 말은 피해자 중심주의와 결합해서 그러한 해석 투쟁을 불가능하게 만들었다는 뜻이다.

피해자 중심주의와 판단 기준

피해자 중심주의, 피해자 관점

피해 증언을 해석하는 지금까지의 원칙은 '피해자 중심주의'였다. 이 용어는 2000년대 운동권 내에서 일어난 성차별과 성폭력을 문제 삼는 과정에서 만연했던 가해자 중심 문화에 대응하며 사용된 '맥락적 지식'의 결과였다.[18] 사람들은 피해자 중심주의를 다음과 같이 오해하고 있다. 첫째, 피해자에게 사건에 대한 판단 기준 전체를 위임하기. 둘째, 피해자에게 가해자에 대한 처벌의 수위를 결정할 수 있는 권한을 부여하기. 셋째, 피해자에게 피해 경험을 독점적으로 해석할 수 있도록 하기. 세 가지 모두 사실이 아니다. 피해자 중심주의라는 말 자체가 종종 "피해자는 옳다"는 명제로 오해되는 경우가 많다. 여기서 말하는 피해자 중심주의는 '피해자 관점'이라는 말을 좀 더 강조한 것뿐이다. 반(反)성폭력 활동을 하는 주요 여성 단체에서는 피해자 중심주의라는 말로 인해 생길 수 있는 위와 같은 오해를 바로잡고자 '피해자 관점'으로 불러야 한다고 제안하기도 했다.

그렇다면 피해자 관점이란 무엇인가. '피해자 관점'에 대한 판단 기준을 둘러싼 논의는 '합리적 여성' 개념 논쟁에서 시작되었다. 이 논쟁의 요지는, '합리적 인간' 대신 '합리적 여성'을 성희롱 사건의 판단 기준으로 삼자는 것이다. 이제까지 우리 사회에서 합리적 인간은 남성으로 간주되어 왔다. 남자 상사의 성희롱은 일반 상식이나 관습에서 일어날 수 있는 일로 취급되었다. 한국 최초로 법정 공방까지 갔던 서울대 교수 성희롱 사건에서 2심

---

18) 이 맥락에 관해서는 전희경, 《페미니스트 모먼트》(권김현영 외 5인, 그린비, 2017)에 자세히 설명되어 있다.

판사였던 박용상 판사는 1심의 유죄 판결을 뒤집고 2심에서 무죄를 선언했다. 그는 무죄 판단의 기준으로 '일반 상식'을 제시했다. 피해자가 제기한 교수의 문제 행동은 남자 교수 사회에서는 "상식의 범위 안에 있다."는 것이다. 성별과 직위에서 유리한 위치에 있는 사람의 입장이 '일반 상식'이 되었던 셈이다. '피해자 관점'은 바로 이 '일반 상식'의 남성 중심성을 상대화하기 위해 등장한 개념이다.

'합리적 여성'의 관점으로 생각하자는 말은 '인식에 있어서의 적극적 조치'[19]를 뜻한다. 적극적 조치(affirmative action)란 할당제나 가점제 같은 특별 지원을 통해 불평등을 시정하려는 전략을 말한다. 인종적, 계급적, 성적 불평등이 오랫동안 누적되었을 때에는 차별을 금지하고 동등한 기회를 제공하는 것만으로는 불평등이 해소되지 않기 때문에 결과적 평등을 위해 적극적 조치 같은 전략을 도입하여 정책을 시행한다. '인식에 있어서의 적극적 조치'를 성희롱 판단 기준에 도입하자는 제안은, 남성 중심주의에 기반한 가부장제 사회에서 성적 괴롭힘에 대한 여성의 경험과 판단을 배제하고 무시해 왔다는 현실을 인정하고 '합리적 여성' 관점을 도입하자는 말이다. 이러한 '합리적 여성' 관

---

19) 조순경, "성폭력 피해 사실 공개의 공익적 의미: 성폭력 관련 법 체계와 법 집행에 있어서의 적극적 조치를 제안하며", 〈성폭력 가해자의 명예 훼손, 무엇이 문제인가?〉 토론회 자료집(2002년 10월 22일), 민변여성위원회·성폭력 가해자 역고소 대책회의·성폭력 추방 운동에 대한 명예 훼손 역고소 공동대책위원회, 109쪽.

점은 1991년 미국의 앨리슨 대 브래디 판결[20]에서 최초로 적용되었다. 이에 따르면 합리적 여성 관점은 특정 행동에 대한 성별 관점 차이를 분석할 필요가 있음을 전제하고, "합리적 여성이라면 충분히 심각하다고 생각할 만한 행동인가?"라는 질문을 기준으로 삼아 판단을 하는 것이다. 예를 들면, 직장 내 성희롱의 경우 오랫동안 직장 여성들이 겪어 왔던 경험과 그들의 관점에 기초하여 판단 기준을 세우는 것이 남성들이 세우는 기준보다 더 정의롭고 합리적일 것이라고 기대하는 것이다. 이 관점은 대단히 맥락적일 수밖에 없다. 피해자의 말이 무조건 옳다거나 어쨌든 여자 편을 들어야 한다고 주장하는 것이 아니다. 지금까지의 경험과 역사 속에 피해 경험에 관한 지식이 축적되어 왔으므로, 성희롱 피해에 대한 판단은 남성에 비해 여성의 위치에서, 상사에 비해 신입 직원의 위치에서 바라보는 편이 더 정의롭고 합리적일 것이라는 뜻이다. 직장 내의 권력 관계, 당사자가 속해 있는 사회적 집단 등을 고려하여 피해자의 입장에 서보는 것이 사회 정의에 더 부합한다. 이 관점은 모든 가해-피해 사안에 공통적이다.

다만 '합리적 여성'이라는 말에는 여성을 이해관계가 단일한 동질적 집단으로 상상하게 하는 한계가 있기 때문에, '합리적 피

---

20) Debra A. Profio, "ELLISON v. BRADY: FINALLY, A WOMAN'S PERSPECTIVE", *UCLA Women's Law Journal*, 1992, p. 251.

해자 관점'이라는 말로 바꾸어 쓰자는 제안도 있었다. 하지만 여성이라는 성별을 특정하는 것은 여전히 중요하다. 우리 사회에서는 여전히 성적인 행동과 표현에 성별(gender)에 따라 다른 기준을 적용한다. 성희롱을 당하기 쉬운 옷차림과 행동에 대한 지적은 주로 여성을 향해 있고, 성희롱 가해 행동은 남성의 관점에서 이해할 만한 행동으로 서술된다("남자가 그럴 수도", "남자들은 장난으로 그럴 수도", "남자의 직장 생활이란 원래 다"). 이런 사회에서는 성폭력 피해에 관한 지식을 축적해 온 여성 집단이 이 문제를 합리적으로 판단할 수 있다. 여성 피해자가 95퍼센트인 사회에서는 '합리적 피해자 관점'을 곧 '합리적 여성'의 입장이라고 봐도 무방하다. 남자를 배제한다고 생각할 수도 있지만 현실에서는 오히려 소수의 남성 피해자 입장을 더 잘 대변하는 방식으로 사용된다. 예를 들어 신입 남자 직원이 회사 화장실에서 상사에게 언어적 성희롱("자네, 오줌발이 그게 뭐야.")을 당한 사건이 있었다. 피해자는 남성이지만, 이 문제를 남성이 피해자 입장에서 제대로 판단하기는 오히려 더 어렵다. 대부분의 남성들은 이런 일을 성희롱으로 여기지 않거나 남자들 사이에서 있을 수 있는 친밀한 농담으로 생각하기 때문이다. 하지만 여성들은 다르다. 여성들은 이 사건을 성희롱이라고 생각할 가능성이 더 높다. 여자들의 사회에서는 성희롱 피해의 앞뒤 정황에 대한 정보가 집중적으로 통용되며, 성적 수치심을 느끼게 하는 공격적 행동이 무엇인지에 대해 감각이 예민하게 발달되어 있다. 이러한 합리적 여성 관점, 혹은 합리적 피해자 관점과 같은 페미니즘 입장론(feminist standpoint theory)은 현재도 사용되는 '피해자 중심주의' 원칙의 중심이 되는 인식론이었다.

협의의 당사자성에 갇히다

하지만 한계도 명백하다. 여성이라고 해서 모두 같은 입장은 아니고, 주변적인 위치에 있다고 해서 약자의 편인 것도 아니다. 여성은 분명 가부장제에서 남성에 비해 주변적인 위치에 있지만, 그렇다고 해서 주변적인 위치 자체가 인식론적 특권을 보장하지는 않는다. 소수자와 약자라는 여성의 위치에 대한 집단적인 정치적 각성이 일어나지 않는다면 말이다. 여성이라고 해서 모두 동일한 상황에서 유사하게 피해/가해 여부를 판단하는 것은 아니다. 나이와 직급, 그리고 문화적 배경과 가족 문화 등에 따라 여성들 사이의 의견 차이는 점점 확연히 드러나고 있다.

지금까지는 여성들 사이의 차이에 관계없이 여성이라면 누구나 여성에게 불리한 성규범으로 인해 침묵을 강요당해 왔다. 그렇기 때문에 침묵을 깨고 말하는 것은 그 무릅씀 자체가 '진실'의 가능성을 높여주었다. 이렇게 주변적 위치의 인식론적 특권은 '발견'의 맥락에서 적용된다. 주변적 위치에서만 발견할 수 있는 문제들이 있지 않은가. 입장을 바꿔보기 전까지 절대로 알 수 없는 사실이 있다. 신분제 사회나 인종 차별과 성차별이 제도적으로 매우 견고한 사회일수록 주변적 위치에서만 알 수 있는 지식이 있으며, 차별과 폭력 같은 사건의 진실 여부는 주변적 위치에서 더욱 합리적으로 판단할 수 있다.

성폭력을 당해도 그것이 성폭력인지 몰랐거나, 성폭력이라고 말하지 못했던 시대에는 피해를 피해라고 '말하는 행위' 자체가 '피해가 있었다'는 발견의 맥락으로 이어질 수 있다. 하지만 말하기의 조건이 변화한 지금은 상황이 다르다. 말할 권리가 '민주화'되고, 말하는 주체가 필요에 따라 익명으로 감춰질 수 있는 조건의 변화는 말할 수 없었던 상황일 때보다 말하는 주체에게 '정당화의 의무'를 더욱 엄격하게 부과한다. 순결 신화의 규범적 힘은 약화된 반면, 남성 사회의 꽃뱀 공포는 더욱 강화되었다. 왜 지금 말하는지, 다른 목적은 없는지, 당시에 말할 수 없었던 이유는 무엇인지, 경찰에 가지 않고 여론의 힘을 빌리려는 이유는 무엇인지, 피해자의 증언이 믿을 만한 것인지 등을 가려내려는 여론의 검증은 예전보다 혹독하다. 하지만 어느 정도 검증이 되고 나면, 피해자의 직접행동은 사회 전체의 의식 변화를 견인할 수 있을 정도로 큰 힘을 발휘한다. 최근의 '미투' 운동처럼 말이다.

하지만 반(反)사회적 사회에서 개인의 권리를 외치는 일은 공허한 일이다. 페미니즘은 "여성에게 동등한 권리를 달라."는 주장이 아니다. 페미니즘에서는 "여성에게 동등한 권리가 주어지는 것이 바로 사회 정의"라고 말한다. 언뜻 동일한 주장처럼 들리지만 완전히 다른 말이다. 우리 사회는 여전히 권위주의에 기반한 집단주의를 공동체의 필수적인 운영 원리로 생각한다. 아이러니하게도 조직과 집단의 안녕을 우선시하는 곳일수록 개인들은 서로를 신뢰하지 않는다. 예민한 사람은 조직 문화의 물을 흐린다고 비난받고, 각 개인들은 경쟁적으로 조직에 충성한다. 민주적 시민으로서 서로를 동등하게 대하는 훈련이 되어 있지 않은 집단은 말 그대로 '반사회적'이다. 이런 집단에서 개인들 간의 연대, 공동의 책임은 불가능하다. 그렇기 때문에 성폭력 문제를 피해자와 가해자 간의 분쟁으로만 바라보면 안 된다.

피해자와 가해자만 관련되는 '협의의 당사자성'을 극복하지 못하면, 성폭력은 다시 개인의 문제이자 고통과 불행이 될 뿐이다. 성폭력을 둘러싼 투쟁은 "누가 봐도 상식적으로 그런 행동은 하면 안 되지 않나."라는 새로운 상식을 만들어 가는 싸움이어야 했다. 바로 그렇기 때문에 여성주의자들은 피해자의 주관적 느낌은 가해자 중심 사회에서 판단을 할 때 중요한 참조 사항이자 증거로 사용되어야 한다고 주장해 왔다. 그러나 피해자의 주관적 느낌이 유일한 판단 기준이 되어서는 안 된다. 피해자는 당연히 자신의 경험을 주관적으로 해석할 권리가 있지만, 그 경험을 공론의 영역으로 가져올 때는 정당화의 의무를 지게 된다. 페미니즘은 그 정당화 과정에서 해석 투쟁에 연대하는 언어이지, 무조건 편을 들어주는 언어가 아니다. 이렇게 되면 모두가 손을 들고 피해자라고 얘기하는 것 말고는 어떤 말도 불가능해지고, 결국 아무도 얘기를 듣지 않게 된다. 또한 미숙한 대응

혹은 지연이 어떤 맥락에서 일어나는지 살피지 않고, 모든 것을 '편들기의 정치'로 만든다. 나는 이 편들기 방식이야말로 페미니즘 정치와 가장 거리가 멀다고 생각한다.

판단 기준이 아니라 해석 방법으로서 상황적 지식

피해자 중심주의는 마치 피해자의 말이 곧 진리라는 착각을 불러일으켰다. 그것이 오해라고 해도 이 말이 주는 효과는 그러했다. 아이러니하게도 피해자의 말에 유일한 해석의 권위를 부여한 결과, 남은 것은 피해자 존중이 아니라 피해자 되기 경쟁이었다. 피해자 경쟁 문화에서는 더 정확하고 자세한 설명보다는 더 세고 즉각적인 반응을 일으키는 말이 선호되었다. 성희롱에서 강간에 이르기까지 모든 피해는 본질적으로 동질적인 것으로 취급되었고, 문화와 범죄는 점점 구분되지 않았다. 모든 여성은 잠재적 피해자이며, 남성 중심 사회에서는 합의된 섹스가 강간과 구분되지 않는다는 매키넌의 주장[21]은 '강간 문화'를 충격적으로 환기하는 데 효과적이었을지 몰라도, 실제 강간 사건의 개별 피해자에게는 도움이 되지 않았다. 여성 범죄 전문가 조디 래피얼은 모든 여성이 강간당했음을 암시하는 것은 실제 강간 피해자에게 모욕적일 뿐 아니라, 강간의 만연과 끔찍한 실상을 오

---

21) Catharine A. Mackinnon, *Women's Lives, Men's Law*, Cambridge, Ma: Harvard University Press, 2005, p. 247.

히려 사소화하는 중대한 실수였다고 지적한다.[22]

오히려 우리는 무엇이 성폭력인지 아닌지를 판단할 수 있는 절대적인 기준이 없다는 점을 인정하는 것에서 이야기를 시작해야 한다. 우리의 주장은 언제나 맥락 의존적이며 '상황적(situated)'이다. 이때 상황에 대한 상이한 해석을 허용하고, 그 해석이 얼마나 자신이 처한 위치에서 성찰적인지, 그러면서도 설명에 대한 책임을 다하고자 했는지가 (사실이 아니라 정의로서) 판단 기준이 될 수 있다.

도나 해러웨이가 주장하는 상황적 지식으로서 페미니즘 지식의 특징은 다음과 같다. 첫째, 시선의 부분성(partiality) 혹은 당파성을 전제하며, 둘째, 특정한 장소에 기반한 지식(located knowledge)을 추구하고, 셋째, 체화된 설명(embodied account)을 책임(accountability) 있게 제공하는 것이다.[23]

성폭력 판단 기준에 상황적 지식을 적용하면 다음과 같은 해석이 가능해진다. 예를 들면, '동의 여부'를 강력한 기준으로 전제하고서 양쪽의 진술을 듣는 것이다. 성관계에서 동의는 상호적으로 성립된다. 한쪽은 동의했고, 한쪽은 거부하는 경우는 동

---

22) 조디 래피얼, 《강간은 강간이다》, 린 시걸 재인용, 최다인 옮김, 글항아리, 2016, 38쪽.
23) Donna Haraway, "Situated Knowledges: The Science Question in Feminism and the Privilege of Partial Perspective", *Feminist Studies*, Vol. 14, No. 3. (Autumn, 1988), pp. 575~599.

의가 성립되었다고 볼 수 없다. 동의하에 성관계를 했는데 나중에 성폭력으로 신고한 경우는 두 가지로 생각해볼 수 있다. 하나는 한쪽의 거부 의사 표시를 한쪽이 동의로 착각했거나 무시한 경우, 다른 하나는 거부 의사 표시가 없었고 동의가 분명했는데 나중에 신고를 하여 다른 이득을 보려고 한 경우이다. 후자는 사기나 협박, 혹은 무고죄가 성립하는 범죄일 것이다. 강간문화에서 압도적으로 많이 등장하는 경우는 전자이다. "이미 그전에 성관계를 한 적이 있는데, 매번 물어봐야 하나요? 싫다고 입으로는 말했지만 몸은 피하지 않았으면 그건 동의 아닌가요? 분명히 그쪽에서 먼저 좋다고 해서 시작된 일인데요." 등등. 이런 말들은 모두 '동의한 줄 알았다'는 말, 즉 '동의가 아니었다'는 뜻이다. 설명에 책임을 지지 못하는 가해자의 비겁한 변명일 뿐이다.

또 화간을 주장하며 꽃뱀론을 펼치는 이들은 이렇게 말한다. "모텔까지 따라왔으면 동의한 것 아닌가요?", "먼저 스킨십을 시도한 건 상대편이었어요.", "성관계 도중에 멈추라는 말을 듣고 멈출 수 있다면 남자로서 좀 문제가 있는 거 아닌가요.", "상대와 나 모두 술에 취해 벌어진 일이에요. 책임이 있다면 둘 다 있죠." 이런 말들은 강간이 아니었다는 항변이지만, 사실 동의가 이루어지지 않았다는 '자백'이다. 강간이 무엇인지 아는 사람들에게 이건 매우 단순한 문제다. 성관계 도중 그만두라는 말을 듣고도 계속했다면, 그게 바로 강간이다. 술과 잠에 취한 상대

모르게 성기를 삽입했다면, 그게 바로 강간이다. 두 손을 잡고 몸무게를 실어 도망가지 못하게 하고 입을 막았다면, 그게 바로 강간이다. 그러나 강간과 섹스를 구분하지 못하는 사람들에게 이건 너무 어려운 문제가 된다. 남성의 성적 욕구는 너무나 강력해서 어떤 경우에도 멈출 수 없다는 식으로 묘사된다. 단언컨대, 그렇지 않다. 만약에 정말 한번 불붙은 성 충동을 제어할 수 없어 신체적으로나 정신적으로 큰 어려움을 겪는다면 그건 질병이니, 반드시 병원에 가기를 권한다.

문제는 강간 문화다

강간 문화를 문제 삼는 새로운 인식론

상황적 지식의 또 다른 장점은 강간과 강간 문화 모두에 문제를 제기할 수 있다는 것이다. 성 문화에 대한 페미니즘적 문제 제기가 법 중심의 논의에서 적용되기는 어렵다. 법 중심 논의에서는 동의나 저항 여부에만 관심을 두지 성적 욕망의 구성과 실행 과정에서 작용하는 권력에 대해 말할 수 있는 자리는 없다. 지금까지는 강간은 아닐지 몰라도 상대방을 전혀 배려하지 않는 섹스, 자신의 욕망 해소에만 관심이 있는 섹스에는 문제를 제기할 수 없었다. 이성애 남성의 욕망을 물신화하는 사회에서 섹스는 아무것도 아닌 것이 되거나, 너무 절대적인 것이 되었기 때문이다.

예컨대 이런 식이다. 작가 A가 있다. 그는 작가 지망생들에게 틈날 때마다 섹스를 하자고 한다. 때로는 그걸 수업이라고 불렀고, 종종 연애라고도 했다. 자살 시도는 그의 유용한 무기였다. 네가 오지 않으면 당장 죽을 수도 있다는 내용의 문자를 높은 건물의 옥상을 암시하는 사진과 함께 보내기도 했고, 불행한 개인사를 꺼내며 한번 안아만 달라며 집요하게 애원했다가 뜻대로 되지 않으면 숨이 넘어가는 척하는 연기도 일품이었다. 그의 거짓말은 자주 발각되었지만, 자살 시도를 반복할 정도로 정신적으로 불안정하다는 이유로 사람들은 그의 거짓말을 쉽게 용서했다. 작가 A의 거짓말은 '시적 허용'이 되었다면, 작가 지망생의 망설임은 동의의 증거가 되었다. 왜 그가 작가 지망생만 보면 그런 일을 벌이는지는 아무도 묻지 않았다. 섹스를 하자고 조르는 문자를 수십 번 보내고 자살 협박을 반복한 것은 문제가 되지 않았지만, 위로와 안녕을 전하는 답장을 보낸 것은 문제가 되었다. 법정에서는 그런 답장을 이유로 들며 강제적인 성관계라고 할 수 없다고 했다. 반복된 애원과 협박은 얼마든지 있을 수 있는 구애 행위로 이해되었고, 나이, 성별, 권위 같은 권력 관계가 작용할 수 있는 모든 조건들은 강제성의 근거가 되지 않았다. 그 대신 망설임과 혼란, 때로는 달래기 위해 했던 행동들은 동의의 증거가 되었다.

섹스는 좋은 것이고 원하기만 하면 할 수 있는 것이라는 생각이 바뀌지 않는 한, 강간 문화는 변하지 않는다. 강간 문화 속에서 자란 대부분의 남성들은 끊임없이 섹스는 좋고 쉬운 것이라고 생각하고 강간은 어렵고 복잡하고 모호한 것이라고 생각한다. 진짜 동의를 했는지 어떻게 알지? 물어보면 된다. 나중에 마음이 바뀌면 어떻게 하지? 마음이 바뀌면 그만두면 된다. 여자가 먼저 하자고 했는데 남자는 그만두기 어렵지 않나? 그렇지 않다. 원치 않는 성관계라면 얼마든지 그만둘 수 있다. 상대가 마음이 바뀌었다면 그만두어야 한다. 섹스의 원칙은 간단하다. 싫다고 하면 즉시 그만두어야 한다. 동의를 강력한 기준으로 여긴다면, 강간 여부를 판단할 때 복잡할 것이 없다. 강간의 판단 기준은 생각보다 쉽다. 우리를 복잡하게 만드는 건 강간 문화와 섹스 사이의 좁은 거리이다.

섹스는 성적 욕망을 '해소'하는 일이 아니라, 성적 욕망을 '추구'하는 일이다. 섹스를 성적 욕망을 해소하는 일이라고 생각하는 사람일수록 섹스와 강간을 구분하지 못한다. 아니, 더 정확히 말하자면 섹스와 '배설', 섹스와 폭력을 구분하지 못한다. 강간 문화의 이용자이자 유포자들은 이성애 남성 중심의 간단한 각본을 짜놓고, 그 각본대로 행동하면 섹스를 할 수 있다고 생각하고, 섹스라는 건 원하기만 하면 언제든지 할 수 있는 쉬운 일이라고 생각한다. 하지만 섹스는 생각보다 훨씬 어려운 일이다. 원해서 했다고 해도 얼마든지 실망스러울 수 있으며 후회할 수도 있다. 강간 문화에 빠져 있는 '가해자 지망생'들은 "흥분시켜놓고 발을 빼다니 나도 피해자"라는 말을 즐겨 한다. 상황적 지식은 강간과 섹스 사이에 놓여 있는 문제에 대해, '부분적' 지식(강간이 아니라고는 해도, 그게 정말 괜찮은 일인가?)을 허용하고, 당대의 문화적 변화를 반영하는 언어, 즉 강간 문화에 저항하는 언어를 제공할 수 있다.

강간 문화란 무엇인가

그렇다면 대체 강간 문화란 무엇인가. 온라인상에는 여자들이 자신을 무시할까 봐 먼저 욕설을 던지는 '쎄 보이고' 싶은 '젊은 남성'들이 게시판 문화를 주도하며 강간 문화의 대표적인 포식자로 살아간다. '그들이 펄쩍 뛸 소리를 하자면', 이들은 아마도 '들키지 않은 강간'의 실제 가해자일 가능성이 높다. 작가 존 크라카우어는 실제 일어난 성폭력 사건을 광범위하게 조사하면서 다음과 같은 중요한 발견을 했다. 강간 피해는 모든 여성이 일종의 보편적 신경증이 생길 만큼 광범위하게 발생하지만, 실제로 강간이라는 행위가 남자들 사이에서는 그렇게 광범위하게 퍼져 있지 않다는 것이다. 통계에 따르면, 강간범으로 기소된 가해자들은 이전에 각 14건 이상의 '들키지 않은 강간'을 저질렀다. 즉, 소수의 포식자들이 강간 문화를 남성의 보편적인 문화로 합리화하고 있다는 말이다.[24] 그렇기 때문에 여성이 아무리 성폭력

---

24) Lisak, D., & Miller, P. M., "Repeat rape and multiple offending among undetected rapists", *Violence and Victims*, 17(1), 2002, pp. 73~84.

피해를 광범위하게 당하고 있다는 통계를 언급해도, 남성 문화에서는 그 피해 규모와 강간 통계를 믿지 않는다. 자기 주변에는 강간범은 없고 끝내주는 섹스를 한 영웅들만 있기 때문이다. 문제는 그 끝내주는 섹스 경험 중 다수가 범죄와 연결되어 있다는 점이다. 다시 말해, 강간을 '문화'로 즐기는 것이다. 피해자 비난 문화가 없어지지 않는 이유는 바로 이 때문이다. '강간 문화'에서는 자신을 피해자라고 주장하는 여성은 존재할 수 없다.

강간 문화란, 남성에게 성적 공격성을 장려하고 여성에 대한 폭력을 지지하여 성적 폭력을 정상적인 것으로 생각하도록 하는(normalize) 일련의 신념을 의미한다. 예를 들면, 미국의 소년 문화에서 강간은 정상적인 소년이라면 흔히 겪는 성장담으로 격려되어 왔다.[25] 한국도 다르지 않다. 2000년대 중반 이후 디시인사이드의 대학 갤러리에서는 "전쟁 나면 ○○학과의 ××를 강간하고 싶다."는 내용의 게시물을 손쉽게 찾아볼 수 있었다. 그리고 이러한 게시판 문화는 대학 내 익명 게시판과 단체 채팅방으로 이어졌다.[26] '강간'이 남자끼리 즐기는 짜릿한 놀이 문화의 일

---

25) Myriam Miedzian, "How Rape Is Encouraged in American Boys and What We Can Do to Stop It", *TRANSFORMING A RAPE CULTURE*, edited by Emilie Buchwald et al (Milkweed, 2004, revised edition).

26) 이 부분은 2007년에 K대학 재학 중, 해당 커뮤니티 게시물과 대학 내 게시판에 올라온 글을 모두 목격한 이유림의 증언을 바탕으로 재구성했다. 2008년 전후, 대학 내 커뮤니티에서 동료 여학생들을 대상으로 몰래 카메라를 포함한 성적 대상화, 놀이로서 강간 모의, 일상적인 외모 품평에 잔인한 성희롱적 발언이 공공연하게 이루어졌다. 당시 상황에 관한 후속 연구가 필요하다.

종으로 '정상화'된 것이다.

　이러한 강간 문화에서는 폭력 자체가 섹시한 것으로 취급되고, 성폭력은 섹스라는 모험에서 불가피하게 벌어지는 작은 실수로 사소화된다. 불특정 다수가 아무 문제 의식 없이 향유하는 강간 문화는 남성 중심 사회에서 놀이 문화로 승인된다. 강간 문화는 강간에 성공할 수 있는 전략을 계속 퍼뜨리며, 섹스와 강간을 본질적으로 유사한 것으로 만든다. 하지만 이러한 강간 문화에 너무나 익숙한 남성들은 '강간 문화'라는 언급 자체가 남성을 잠재적 가해자로 취급하고 남성의 명예를 훼손하는 일이라며 항의한다. K대학 페미니즘 동아리에서 '강간 문화 철폐'를 내걸자 "우리 학교에 강간 문화가 어디 있냐?"며 해당 대학 남학생들이 반발하는 일도 있었다.[27] 강간 문화는 죄의식 없이 쾌락으로 소비되고, 정상적인 사회 생활로 향유된다. 이렇게 강력한 강간 문화를 바꾸려면 특정인을 지목한 강간 모의를 법적으로 처벌해야 하는 것뿐만 아니라(법적 접근) 대대적인 캠페인과 교육(사회 규범의 변화), 여학생 학습권의 확보와 치유와 상담 프로그램 제공(개인적 치유) 등이 필요하다. 이중에서도 특히 사회 규범의 변화라는 영역에 페미니즘 정치학이 관심을 보이는 것은 당연한 귀결일 것이다.

---

27) 뽐므, '있는 걸 있다고 하지 뭐라 해요', http://www.goham20.com/56541 (검색 일자: 2018년 1월 7일)

권리, 의무 그리고 사회적 유대라는 문제

강간 문화를 전부 법적 처벌의 대상으로 삼을 수는 없기 때문에 법정이 아닌 곳에서 새로운 시도를 해보는 것이 중요하다. 실제로 많은 페미니스트들은 경찰에 의존하기보다는 자치의 힘으로 해당 공동체를 더 나은 곳으로 만들어 갈 수 있는 방법을 고민해 왔다. 사회를 문제 해결의 대상이자 주체로 호명하는 것이 가능하려면 사회 자체에 문제를 제기해야 한다. 그런 문제 제기의 일환으로 1994년 성폭력 특별법이 제정된 것과 별개로, 1996년부터 각 대학의 페미니스트 조직은 대학 당국에 학칙 제정을 요구했다. 1997년, 대학교 최초로 동아대학교에서 여학생회의 건의를 수용하여 성폭력 학칙이 만들어졌다. 당시 동아대학교 학칙은 성폭력 유형을 강간, 준강간, 성추행, 성적 모욕 네 가지로 분류했다. 성에 관한 진한 농담이나 여성의 신체적 부위를 빗댄 언행을 성적 모욕으로 규정했고, 신체 접촉 등을 성추행으로 규정했으며, 학칙에 의거한 가해자에 대한 처벌 규정을 마련했다.[28]

페미니스트들이 주장한 젠더 감수성을 수용한 대학이나 회사, 정당이나 단체 같은 경우에는 법정에서 요구하는 강력한 증거주의와 일관성 있는 진술, 정황상의 정합성과는 다른 기준을 적용하기도 했다. 이 원칙에 따라 대학이나 공공기관에서는 피해자

---

28) "캠퍼스 性폭력 학칙 첫 제정", 〈경향신문〉, 1997년 4월 16일자.

가 제시한 증거들이 신빙성 있는 증거로서 무죄보다는 유죄 쪽에 가깝다고 판단되면 징계 절차를 시작할 수 있었다. 이 경우 입증 책임이 형사 사건에 비해 가벼운 대신 처벌 역시 사과문 작성부터 교육 수강 명령까지 비교적 가볍다. 법정까지 가지 않더라도 대학이나 직장에서 적절한 조치가 취해지기만 하면 피해자의 삶에서 성폭력 사건이 주는 고통은 확연하게 옅어질 수 있었다. 입증 책임이 상대적으로 '가볍다'고 해서, 검증하지 않아도 된다는 말은 아니다. 이때 관련 조사의 원칙은 '신뢰하되, 검증하라'이다.

사회 규범의 변화를 위한 시도로 가장 주목할 사건은 2000년에 있었던 진보 진영 내 성폭력을 폭로하는 100인 위원회의 활동이었다. 100인 위원회는 조직 보위를 위해 개인을 희생시켰던 역사, 운동 사회 내 여성 활동가를 향한 성별 분업과 성적 지분 거림, 혹은 애인이자 엄마 노릇을 공공연하게 요구하는 성적 착취 문화에 문제를 제기했다. 이를 뒤이어 개별 성폭력 사건의 연이은 폭로는 시민 사회의 무능과 무지를 드러내는 데 그치지 않고, 더 근본적으로 운동 사회 내부의 조직 원리가 상호 의존에 기반한 사회적 유대가 아니라 여성에 대한 착취에 기반을 둔 남성 연대였다는 사실이 폭로되었다.

문제는 그 다음이었다. 문제 제기를 강하게 하기 위해 고안되었던 말('피해자 중심주의' 등)이 사건 해결의 원칙으로 매뉴얼이 되어 사용되기 시작했던 것이다. 결국 변한 것은 사회가 아니라,

문제를 해결하는 방식이었다. 즉, 100인 위원회 이전까지는 성폭력 사건을 대의를 위해 은폐할 수 있는 사소한 문제로 취급했다면, 100인 위원회 이후 성폭력 사건은 대의를 위해 관리되고 해결해야 할 문제가 되었다. 100인 위원회가 문제였다는 얘기가 아니다. 성폭력 문제를 집단적으로 고발하는 사회 운동이 일어났음에도 불구하고, 한국의 남성 중심 문화는 근본적인 체질 개선에 실패했다는 말이다. 이는 시민 사회에만 국한되지 않는다. 학내 상담소나 직장 내 성희롱 담당관, 군대 내 소원 수리(민원 신고함) 등을 통해 접수된 성폭력 사건들은 고충 처리의 대상이 되어 상벌을 결정하는 매뉴얼화된 절차에 들어갔다. 시민 사회는 이보다 한발 더 나아가, 성폭력 문제 해결을 위한 원칙으로 피해자의 권리와 구성원의 의무를 강조한다. 피해자를 지지하고, 성폭력 문제 해결을 위해 연대하는 것은 구성원으로서의 '의무'가 되었다. 상담자와 지원자에게는 비밀 유지나 신고의 의무가 부여되고, 가해자는 자신이 저지른 범죄 행위에 따른 벌을 받아야 할 의무가 있다. 오직 피해자만이 의무가 아닌 권리를 이야기하게 된다. 문제는 이렇게 되면 피해자만이 공동체 내에서 이질적인 사람이 된다는 점이다.

나는 바로 이러한 이원화가 시민 사회 내에서 피해자를 이중 배제하는 동학 속으로 밀어 넣었다고 생각한다. '피해자 중심주의'와 '2차 가해 처벌'이라는 원칙에 따라 지지자와 가해자는 공동체가 제안한 의무를 실행함으로써 상처받은 공동체의 일원으로 복귀하는 것이 가능하지만, 피해자는 시민 사회의 구성 원리인 사회적 유대와 공동체의 공공선을 실천하는 개인으로서 존재할 수 없다.[29] 피해자가 자신의 피해를 말하면서 "다른 사람에게도 똑같은 피해가 생기지 않기 위해서"라며, 공동체의 일원으로서 말하고자 하는 이유이기도 하다. 하지만 이러한 피해자의 윤리-정치적 결단은 공동체에 제대로 전달되지 않는다. 성폭력을 관리하고 해결하려는 절차 속에서 피해자는 오직 피해를 호소하는 피해자로서의 역할만을 요구받는다. 동등한 시민으로서의 권리와 의무를 지닌 개인임에도 불구하고, '피해자라는 역할' 속에서 피해자는 오직 피해자로서의 권리만을 특별하고 이질적으로 주장하는 사람처럼 비치게 된다. 나는 이것이 바로 권리의 형식을 띤 타자화라고 생각한다.

나가며 – 피해자의 권리에서 모두의 의무로

"나일 수도 있었다"와 "나는 너다"

2016년 5월 17일 일어난 강남역 살인 사건은 한국 사회의 전

---

29) 조반나 프로카치(Giovanna Procacci)에 따르면 시민 사회는 '상호 의존에 기반을 둔 사회적 유대'를 바탕으로 하여, '탈이해관계적 이해관계'라는 개념을 통해 사회적 실천에 개인의 이해관계를 통합하려고 한다. Giovanna Procacci, "Notes on the Government of the Social", *History of the Present*, Fall 1987. 번역: 캐즘(http://blog.jinbo.net/chasm)

환적 사건이었다. 스스로 강남역 세대로 칭하는 20대 여성들은 이 사건을 경험하기 이전으로 결코 되돌아갈 수 없다고 말한다. 익명의 개인에게 일어난 죽음이 나와 깊게 관련되어 있다는 자각이 이루어진다는 것은 죽음을 매개로 한 공동체적 감각을 환기하는 마법의 순간이다. 철학자 알폰소 링기스는 생활과 언어와 개념을 나누는 다수의 개인들의 합으로서 공동체가 아니라, 단독자로서 맞이하는 개인의 죽음의 순간 옆에 있어주고 싶은 마음으로부터 인간이라는 공동성이 상상된다고 말한다. 강남역에 포스트잇을 붙이러 나왔던 이들은 대부분 강남역 살인 사건 피해자를 개별적으로 알지 못했다.[30] 당시 포스트잇에 쓰인 말들은 소통 행위로서의 말이라기보다는 자신이 지금 이곳(강남역)에 있었다는 증거로서의 말이자, '나는 살아 있고, 너는 죽었다'는 상황을 아이러니로서 경험하는 말이다. 소통 행위로서의 언어는 "자신의 전망들과 통찰들을 탈개인화하고, 합리적인 공통 담론으로 환원하고 정식화하며, 자신의 말을 들어야 하는 타자들과 동등하게 상호 교환할 수 있는 대변자이자 설명자"[31]이기를 추구하기 마련이다. 그러나 포스트잇에 담긴 애도의 말들은 아무것도 공유하지 않는 타자의 죽음 앞에 나의 '살아 있음'이라는

---

30) 당시 포스트잇의 내용은 다음 책에 기록되어 있다. 경향신문 사회부 사건팀 기획 및 채록, 정희진 해제, 《강남역 10번 출구, 1004개의 포스트잇》, 나무연필, 2015.
31) 알폰소 링기스, 《아무것도 공유하지 않는 이들의 공동체》, 바다출판사, 2013, 175쪽.

상황을 기입한다.("나는 우연히 살아남았다.", "여자라서 죽었다.", "나일 수도 있었다.", "나는 너다.") 이 말들은 합리성이라는 영역에서 발화된 것이 아니라, (합리성이라는 언어로 포획될 수 없는) 진리라는 영역에서 발화되는 것이다. 이때 중요한 것은 발언되는 말의 내용보다는 '내가 존재하고 말한다'는 사실 그 자체다.[32]

실제로, 강남역 10번 출구는 유가족이 겪은 상실을 애도하는 곳이 아니었다.[33] "나일 수도 있었다"는 충격을 받은 이들이 모여 애도와 분노를 이어 갔다. 강남역 살인 사건 이후 결성되어 '강남역 10번 출구'라는 이름으로 활동하던 페미니스트 액션 그룹이 1주기 추모식을 준비하는 과정에서 유가족의 상처를 고려하지 못했다거나, 유가족 지원 단체를 참칭한 것은 아니냐고 문제 제기를 하는 사람도 있었다. 하지만 이 같은 문제 제기는 초점에서 벗어나 있다. 강남역에서 일어난 살인 사건을 애도하는 형식은 그 이전과는 완전히 다른 차원에 놓여 있었기 때문이다. 강남역 10번 출구에 도착했을 때 내가 본 수많은 포스트잇은 마치 트라우마 생존자의 자기 고백과 비슷한 내용으로 채워져 있었다. "나는 아우슈비츠에서 죽었다. 하지만 아무도 그것을 알

---

32) 알폰소 링기스, 같은 책, 20쪽.

33) 이 같은 문제 제기를 수용하여 이 팀은 2017년 5월 23일 동명의 페이스북 페이지에 유가족의 요청에 따라 앞으로 '강남역 10번 출구'라는 이름을 사용하지 않을 것이며 유가족이 받았을 상처를 고려하지 못했다는 내용의 사과문을 게재한 바 있다. 현재 이 페미니스트 액션 그룹은 '페미몬스터즈'라는 새로운 이름으로 계속 활동을 이어 나가고 있다.

지 못한다."라고 아우슈비츠 생존자 샬롯 델보가 한 말처럼 말이다. 강남역에서 우연히 모르는 사람에 의해 비극적으로 살해된 익명의 20대 여성은 오직 죽음 그 자체로만 기억되었다. 아무것도 공유하지 않는 개별자의 죽음이었지만, 그 죽음은 또한 '나'의 죽음이기도 했다. 포스트잇에 써 있던 "나일 수도 있었다."는 글귀가 삶의 우연성과 죽음의 필연성에 대한 깨달음을 경유하여 여성의 삶에 대한 자각으로, 페미니즘 정치학으로 이어진 건 어쩌면 필연적인 일이었다고 생각한다.

"나일 수도 있었다."는 포스트잇 옆에는 "나는 너다."라는 글귀도 있었다. 내가 언제든지 죽임을 당할 수 있다는 자각. 여성을 멸시하고 천대하고 때로는 숭배하면서 남성의 타자로서만 존재하게 하는 '여성 혐오' 사회가 바로 이 '묻지마 살인'의 공범이었다. 놀라운 정치적 각성의 순간이었지만, 내가 죽을 수 있다는 가능성이 실제 살해당한 타자의 자리를 점유한 것도 사실이다.[34] '타자가 사라지고 그 자리에 (너와 꼭 같은) '나'가 등장하면서, 실제의 죽음은 그 자리에서 사라졌다. 애도의 대상은 다름 아닌 '나'가 되었다. '나'는 '너'이기 때문이다. 이런 인식에서 나

---

[34] 당시 강남역 10번 출구라는 단체를 만들어 활동한 이지원의 말에 따르면, 추모 이틀째부터 일부 남초 인터넷 커뮤니티 이용자들이 포스트잇을 붙이고 읽으러 온 여성들을 방해하는 사건이 생기면서 추모의 성격이 변했다고 한다. 이들이 강남역 추모에 동참하는 여성들의 사진을 찍고 집회를 방해하면서 참가자들이 점점 '피해자'와 '나'를 구분할 수 없게 되었다는 것이다.

와 네가 동일하지 않다고 주장하는 모든 차이들은 사라져야 마땅한 것이 되었다. 여성의 몸으로 살아가는 일은, 곧 언제든지 살해당하고 강간당하는 시체를 목격하는 일이 되었다. 그러나 여성들 간 경험의 차이는 코르셋을 벗지 못한 일이 되거나, 아직 각성하지 못한 일이 되거나, 혹은 여성이 아니기 때문이라고 의심받았다. 우연히 살아남은 자들이 자신의 삶에 책임을 지기 위해 사회에 목소리를 내던 정치적 순간은 분명히 "살아남은 나는 무엇을 할 것인가?"[35]라는 질문, 즉 삶에 대한 것이었다. 하지만 "나는 너다."라고 말하는 순간, 죽음의 공동체를 통해 삶을 이야기할 수 있는 정치적 순간은 사라지고 타자를 존재하지 못하게 만드는 동일성의 정치학으로 미끄러져 갔다.

피해자의 권리에서 모두의 의무로

여성이 말하지 못하게 하는 구조적 힘이 일부 약화되었을 때, 말하기의 의미 역시 달라진다. 또한 말했을 때 생기는 위험과 보상은 이전과 달리 예측하기 어려워진다. '진실에 대해 말하기'는 언제나 어떤 것을 무릅쓰는 일이다. 우리는 누구나 민주주의 사회에서 말할 권리가 있다고 간주되지만, 그 말이 사회가 허용하는 영역을 초과하는 순간에는 언제든지 추방될 수 있다.[36] 피해

---

35) 한국여성민우회 기획, 권김현영 해제, 《거리에 선 페미니즘》, 궁리, 2016.
36) 미셸 푸코, 《담론과 진실 – 파레시아》, 오트르망 심세광·전혜리 옮김, 동녘, 2017, 34~37쪽.

자로서 자신의 피해에 대해 말한다는 것은, 자기 자신에게 진실을 말할 권리가 있다고 주장하는 행위이다. 광장에서는 누구나 말할 자유와 권리가 있다. 하지만 바로 그렇기 때문에 말은 언제든 묻힐 수도 있고 의심을 살 수도 있다.

'진실에 대해 말하기'라는 행위를 선택한 자는 언제나 이런 시험대에 오른다. 시험대에 오른 사람들의 말은 대부분 사람들의 생각을 바꾸는 데 '실패'한다. 하지만 아주 가끔 변화가 만들어지는 순간이 있다. 페미니스트 시인 뮤리엘 루키저는, "여성이 자신에 대해 말하기 시작하면 세상은 터져버릴 것"이라고 말한 바 있다.[37]

어떤 혁명적 가능성의 순간이 새로운 말을 통해 광장에서 울려 퍼질 때가 있다. 하지만 많은 경우 이런 순간은 짧게 지나가고, 진실을 말하고자 하는 분투에 찬 피해자의 목소리는 어느새 사라졌다. 대리인이 등장해서 피해자의 목소리를 '대신' 전달하는 것이 마치 매뉴얼처럼 통용된 적도 있다. (법정이 아닌 곳에서도 대리인이라는 형식을 사용해서 피해자를 보호하자는 아이디어를 채택하곤 했다.) 피해자에 대한 비난으로부터 피해자를 보호하기 위한 궁여지책이기도 했지만, 이때 피해자는 '구체적 타자'라기보다는 추상적인 피해자 일반으로 상상되었다. 피해자 보호라는 담론이 피해자의 직접행동주의가 가져올 수 있는 힘을 더 약화시킨 것은 아닐까. 물론 피해자가 직접 공론장에 나와서 자신의

---

37) 수잔 브라이슨, 《이야기해 그리고 다시 살아나》, 고픈 옮김, 인향, 2003.

목소리로 얘기하는 것만이 유일한 문제 해결 방식이 되어서는 안 된다. 하지만 그동안 피해자 보호를 중심으로 만들어진 담론으로 인해 오히려 피해자의 목소리가 '제대로' 전달되지 못했던 것만은 분명하다. 실제로 우리는 피해자의 목소리가 '제대로' 전달되기만 하면, 세상이 정말 변화한다는 것을 목격하고 있지 않은가.

"나는 사람이 아니라 짐승을 죽였다."는 아동 성폭력 피해자의 목소리, "제 인생은 열여섯 꽃다운 나이로 끝났습니다. 내 청춘을 돌려주시오."라던 '일본군 위안부'의 증언, "너는 잘살 것이다."라고 쓴 대학 내 성폭력 피해자의 대자보, "이 글을 왜 썼는지 무슨 말을 듣고 싶어서 썼는지 모르겠지만 그냥 말하고 싶었다."는 직장 내 성폭력 피해자의 인터넷 글, "내가 사랑하는 문학은 이런 것이 아니다."라는 문학 지망생의 편지, "나일 수도 있었다."는 강남역에 붙은 포스트잇. 이 목소리들은 한국 사회를 변화시켰다. 이 목소리들에는 공통점이 있다. 이들은 반문과 질문으로 자신들이 속해 있던 사회의 붕괴를 폭로했다. 이것이 직장인가. 이것이 대학인가. 이것이 한국 사회인가. 이것이 문학인가. 이런 목소리들 말이다. 이 목소리들은 2차 가해와 피해자 중심주의라는 보호 장치 없이, '자기 자신의 진실'을 전달하고자 했다. 피해자의 목소리를 '있는 그대로' 듣는 행위는 위험과 보상 모두에 스스로 책임지겠다는 피해자의 결정을 존중하는 것이다. 피해자 중심주의는 피해자를 타자화하고, 2차 가해라는 담론은 성폭력을 다시 개인적인 것으로 만든다. 피해자의 목소리를 듣기 위해서, 우리는 지금까지 속해 있다고 생각했던 사회를 다시 생각해야 하고, 그 목소리를 통해 알게 되는 것에 질문을 멈추지 말아야 한다. 사회가 피해자의 목소리를 채무자의 독촉처럼 취급하면, 아무도 그 목소리를 듣고 싶어 하지 않는다. 피해자가 자신의 피해에 대해 말할 때, 우리는 공동체의 구성원이 자신의 의무를 다하고 있다고 생각하고 그 목소리를 들어야 한다. 물론 여전히 많은 피해자는 말하지 않는다. 피해자의 말을 의무로 생각하자는 것은 말하지 않기로 한 이들에게 부담을 주자는 게 아니다. 말하는 것이 더는 무엇인가를 각오해야만 가능한 일이 되지 않을 수 있어야 한다는 의미다. 피해자가 피해에 대해 말하는 것이 공동체 구성원으로서의 '의무'라고 당연하게 생각하고, 가해자에겐 법정 피의자로서의 '권리'가 있다고 인식하는 사회. 나는 이런 사회가 피해자 비난이 없고 강간 문화가 사라진 '정상적'인 사회라고 생각한다.

문단 내 성폭력, 연대를 다시 생각한다[1]

《참고문헌 없음》 준비팀 | 문단 내 성폭력 피해자들과 연대하기 위해 2017년에 결성된 프로젝트 팀이다. 《참고문헌 없음》을 기획했다.

들어가며 – 〈탈선〉, 우리가 목격한 미래

2016년 11월 11일, 〈탈선〉[2]은 '고발자 5'를 지지하는 성명서를 발표하기 위해 기자 회견을 열었다. 이 기자 회견은 소셜네트워크서비스(SNS)에서 발생한 문단 내 성폭력 고발이 오프라인으로 이어진 첫 번째 공식 자리였다.

---

1) 〈참고문헌 없음〉 프로젝트는 '대표자 없음'을 표방했다. 〈참고문헌 없음〉 준비팀 5명은 실무자를 자처한 채 스스로 익명 활동가 위치를 잡았다. 이 글 또한 '준비팀'이라는 당시 활동명으로 필자의 이름을 대신하기로 한다. 이 글은 〈참고문헌 없음〉 프로젝트를 기획한 주체 '준비팀' 5명이 공동 집필했다. 준비팀은 경험의 차이, 입장의 차이를 억지로 봉합하지 않은 채 대화와 토론을 이어 가는 과정에 있다. 이 글의 집필 과정에서 준비팀은 5명 각자의 위치와 시선을 최대한 존중할 수밖에 없었으며, 각자의 경험과 공동의 경험을 교차하며 기록하기로 했다. 이 글에 수록된 어느 문장도 준비팀 모두의 입장과 같을 수 없으며, 이 책에 수록된 다른 필자의 어느 글도 준비팀 모두의 입장과 같을 수 없음을 밝혀 둔다.
2) 고양예술고등학교 문예창작과 시 창작 강사였던 B 시인으로부터 성폭력을 당한 학생 6명은 '고발자 5'라는 이름의 SNS 계정을 통해 성폭력 피해를 고발했다. 이 '고발자 5'를 지지하는 고양예술고등학교 졸업생 100여 명은 〈탈선〉이라는 이름의 연대체를 결성했다.

회견장 안은 발 디딜 틈이 없었다. 〈탈선〉 구성원들과 고양예고 학생들, 연대자들이 가득했다. 기자들이 카메라를 설치하고 있었다. 문예지 편집위원들을 비롯해 문단 관계자들도 참석했다.

들어가도 될까. 들어가기로 하고 왔고, 들어가야 한다고 생각했는데 걸음이 쉽게 떼어지지 않았다. 회견장 바깥벽에는 포스트잇들이 붙어 있었다. 비등단 창작자들이 붙인 분노와 규탄과 지지와 연대의 메시지들이었다. 그 메시지들을 읽고 있다가 동료 작가 한 명이 걸어오는 모습을 봤다. 그녀는 고개를 숙이고 포스트잇에 "미안합니다……"라고 적었다.

지난 몇 달 동안 여성 작가들을 만나면 성폭력 이야기밖에 할 수 없었다. 그런 우리를 불편해하던 사람들이 떠오른다. "성폭력 뉴스 링크 그만 올렸으면. 보기에 불편하다. 윤리적인 척, 올바른 척 좀 그만하길." "방관자라는 단어 좀 쓰지 마라. 여성인 당신이 자신을 방관자라고, 가해에 일조했다고 생각한다면, 남성인 나는 대체 어떤 존재라는 건가? 괴물이라는 건가?" 이런 말들을 수도 없이 들었다. 소설을 쓰던 동료의 말이 기억난다. "정말로 나빴던 건 그 자리에 같이 앉아 부추기던 남자 선배들이었어. 우리는 성희롱을 당했으면서도 그때 내가 혹시 잘못했던 건 없는지, 방관한 건 아닌지, 울면서 떨면서 몇 달째 자기 검열을 하고 있는데. 그 남자 선배들은 괴로워하기는커녕 기억조차 하지 못하겠지."

지금은 기자 회견 자리에 대한 기억이 풍경보다는 목소리로 남아 있다. 〈탈선〉 구성원들과 연대자들의 얼굴을 제대로 바라볼 수가 없어서였던 것 같다. 지지문이 낭독되기 시작했다. 낭독자의 목소리가 회견장을 쩌렁쩌렁 울렸다.

"가해 지목인에게 말한다. 틀을 깨야 하는 것은 당신이다." "상상력이 부족한 것 또한 당신이다." "당신의 사과문은 자성 없고 비겁하다. 그것으로 당신의 죄를 가리기에 당신의 상상력은 그 크기가 협소하고 모양이 추악하다." "B 시인, C 소설가. 우리는 문학이 되어서 네 이름을 갉아먹고 성장할 것이고, 네가 눈 돌리는 모든 곳에 너보다 먼저 와 있을 것이며, 네가 내딛는 모든 발걸음에 문학이 된 우리가 도사리고 있을 것이다." "우리는 진흙탕에서도, 아스팔트에서도 기어 나올 것이다. 우리는 이제 시작했다."[3]

〈탈선〉 구성원 이름이 한 명 한 명 호명되었고, 이어 가해 지목인에게, 고양예고에, 문학과지성사[4]에, 작가 단체에, 그리고 연대자들 자신에게 보내는 요구안이 낭독되었다. 팔을 타고 소름이 솟아올랐다. 기성 작가에게서는 결코 나올 수 없고 앞으로도 나올 리 없는 언어들이었다. 문학은 이 사람들의 것이구나, 하고 생각했다.

---

3) 〈탈선〉, "문학의 이름으로", 《참고문헌 없음》, 2017, 15쪽. 〈문학과 사회〉 2016년 겨울호에서 재수록.
4) 고양예고 강사 B 시인을 비롯한, 성폭력 가해자로 지목된 시인들의 시집이 다수 출간된 출판사.

그 자리에서 결코 울어서는 안 된다고 생각했다. 눈물을 흘릴 자격은 기성 작가들이 아니라 학생들과 비등단 창작자들에게 있다고 생각했다. 그러나 다음 순서로 이어진 졸업생들의 자유 발언을 들으면서 나도 모르게 눈물이 나고 말았다. 학생들이 증언하는 예술고등학교와 내가 속해 있는 문단의 상황이 현기증이 날 정도로 흡사하게 느껴져서였다. "학교에서는 문학을 가르치는 강사가 학생들을 평가하는 절대적인 권력을 쥐고 있었다." "친구들을 함께 공부하는 동료로 보지 못하고 경쟁자로 보았다. 학생들은 각자 고립되어 있었으며 친구보다는 교사에게 의존하게 되었다." "그래서 친구들에게 피해가 일어난 것을 제때 알아차리지 못했다." 울먹이는 한 발표자의 말을 들으며 생각했다. '어떻게 이 학생들이 이걸 알고 있지. 이 사람들이 이런 걸 알아도 되는 걸까.' 그래서는 안 됐다. 문단의 탁하고 끔찍한 부분을 이 사람들이 다 알아버리기 전에 기성 작가들은, 문단은, 학교는 무언가를 해야 했다. 그러나 하지 않았다. 옆자리에 앉은 사람이 휴지를 건네주었다. 그녀도 울고 있었다. 기자 회견이 끝났다. 고양예고에서 시를 가르치던 여성 시인이 학생들을 안고 눈물을 흘리고 있었다. 학생들도 모두 울고 있었다.

'문단'이라는 가부장적 사회

문단은 문학 제도의 장(場)을 뜻한다. 문단은 느슨한 공동체라서 실체가 명확하지는 않지만, 문인들은 이 공동체 안에서 공과 사를 넘나들며 서로 긴밀히 연결되어 있다. 문단에서 작가로 활동하려면 등단 제도를 반드시 거쳐야 한다. 등단 제도는 언론사가 주최하는 신춘 문예와 문학 전문 출판사가 운영하는 각종 문예지의 신인 문학상, 이 두 가지로 운영되어 왔다. 이 등단 제도는 기업의 신입 사원 채용 제도와 매우 흡사하다. 언론사나 문예지가 신인 공모전에 대한 공지를 올린다. 작가 지망생들이 공모전에 응모를 한다. 중진 혹은 원로 작가가 심사위원으로 참여한다. 최소 수백 대 일의 경쟁을 뚫고 선발된 작가만이 신인으로 발탁되어 문단 활동을 시작할 수 있다. 다른 예술계가 신진 작가의 데뷔 통로를 다양화해 온 것과 달리, 문단은 거의 시스템으로 가동되는 등단 제도를 거쳐서만 신진 작가를 허용해 왔다. 등단 제도가 이토록 단일하고 완고하게 작동하고 있다는 것은 문학이 인간의 해방을 추구해야 한다는 점과 명백히 모순된다. 또한 보수적이며 낙후되어 있다. 윤이형 작가는 한국 문단의 젠더에 대해 이렇게 고백했다.

저에게 한국 문학계의 성별은 남성입니다. '문학'을 떠올리면 특정한 성별이 떠오르지 않거나, 각각의 작가와 개별 작품이 떠오릅니다. 그러나 '문단'을 의인화해보면 저에게 그 성별은 분명 남성입니다. 이상한 일입니다. 저도 여성 작가인데, 이렇게 많은 선후배와 동료가 여성 작가인데, 왜 문단이라고 하면 '내 세계', '내 영역'이라고 생각한 기억을 떠올리기가 어려울까요. 왜 저는 그곳에서는 여성으로서의 자부심이나 자랑스러움을 느끼지 못했을까요.[5]

문단 바깥에 배치된, 등단 제도를 거치지 않고 활동하는 작가들은 수많은 혜택에서 제외된다. 문학 출판사에서 책을 출간하는 일이 어렵고, 문학상 후보에 오르지 못하며, 공적 지원금 수혜는 물론이고 국내외 레지던시 참여에 많은 제약이 따른다. 문예지들은 문단을 작동하는 가장 기본적인 매체 역할을 해 왔다. 문예지들은 등단 제도를 거친 작가에 치중하여 신작을 청탁한다. 청탁을 통해 발표한 원고가 쌓이면 문학 전문 출판사를 통해 단행본을 출간하게 된다. 이런 코스가 비등단 창작자는 물론이고 대부분의 작가들에게 당연한 것으로 여겨져 왔다. 그러므로 등단은 작가 활동의 필수 요소인 셈이다. '작가 지망생'들은 등단 제도를 통과하기 위하여, 예술계 고등학교의 문예창작과, 대학의 문예창작학과, 출판사나 문예지가 운영하는 창작 교실에서 창작 교육을 받고 있다. 문단 내 성폭력 고발자들 다수가 이 과정에서 피해를 입었다.

나는 자신에게 물었다. 다른 문인들에게도 묻고 싶다. 등단한 문

---

5) 윤이형, "나는 여성 작가입니다", 《참고문헌 없음》, 178쪽. 〈문학과 사회〉 2016년 겨울호에서 재수록.

인들이 모이는 자리에 나타난 '습작생'을 차별적 시선으로 바라보지는 않았는가. 동료 문인의 혐오 발언과 폭력에 대한 '습작생'의 말을 의구심 없이 들었는가. 등단이라는 관문을 통과하면서 다른 신분을 얻은 것으로 여기지는 않았는가. 등단 문인으로서 창작 지원금과 레지던스 입주와 출간에 대한 권리를 누리면서 우월적 지위에 익숙해지지 않았는가. 문학 평론가로 등단하지 않은 사람들이 쓴 평론을 정통적이지 않다고 폄하하지는 않았는가. 작품을 평가하면서 등단 여부와 지면과 출판사를 고려하지는 않았는가.[6]

성폭력 가해자들은 자신이 문단에서 누리는 영향력을 피해자에게 과시하며 억압했다. 피해자가 피해 사실을 은폐할 수밖에 없도록 권력을 행사했다. 한국 사회에서 문학 활동을 하려면 문단은 유일무이한 선택지다. 문학을 하겠다는 꿈을 성취할 대안 지대가 전무하기 때문에 성폭력과 맞서 싸우려면 당연히 문학을 아예 포기할 각오를 해야만 한다. 이렇게 획일화된 문인의 제도적 삶이 가해와 피해를 가시화하는 데에 가장 큰 장애로 작용했다.

또한 성폭력을 예술적 자유와 등치했다는 데에 예술계 내 성폭력의 교묘한 특수성이 공통적으로 존재한다. "폭력을 '시적 특권'으로 포장"하며, "그 특권을 누리는 자들은 그것을 '디오니

---

6) 이성미, "참고문헌 없음", 《참고문헌 없음》, 227쪽. 〈문예중앙〉 2016년 겨울호에서 재수록.

소스적인 것'이라고" 포장한다. 이 "디오니소스적인 면모는 타자, 그중에서도 유독 약자 앞에서만 강하게 분출되는 특징"[7]을 보여 왔다. 남성 예술가들에게 규율 바깥으로 나가는 디오니소스적 축제는 대부분 여성을 성적으로 착취하는 것을 의미했다. 건강한 시민 사회 정신과 이토록 동떨어진 곳에서 아직도 전근대적인 예술 정신이 구현되고 있는 것이다. 고양예고 강사 B 시인의 성폭력은 등단 제도를 비롯하여 예술 정신에 이르기까지, 문단의 모든 병폐를 가장 압축적으로 보여주었다.

문단의 제도적 시스템은 크게 여섯 가지 구성 요소가 서로 긴밀히 맞물려 있다. 첫째, 신춘 문예와 문예지들이 해마다 실시하는 등단 제도. 둘째, 500종에 달하는 문예지의 지면들. 셋째, 문학 작품을 전문으로 출판하는 대형 출판사. 넷째, 고교 문예창작학과, 대학 문예창작학과, 출판사들이 운영하는 창작 교실을 포함하는 모든 문예 창작 교육. 다섯째, 언론사와 출판사들이 주최하는 온갖 문학상. 여섯째, 한국문화예술위원회 기금을 비롯한 여러 공적 지원금.

문예 창작 교육을 거쳐 등단을 하고, 등단을 통해 문예지에서 지면을 얻으며, 문예지 운영 출판사에서 저서를 출간하고, 출판

---

7) 임솔아, "추앙", 《참고문헌 없음》, 165쪽. 《흑면백면》(눈치우기 총서 3호)에서 재수록.

사가 운영하는 문학상을 수상하는 식이다. 이런 연결 고리는 문단의 권력을 공고화할 수밖에 없다. 특히 문예 창작 교육의 경우, 예술고등학교에서는 대학 입시를, 대학교에서는 등단을 목적으로 한 교육에 치중한다. 등단 여부를 결정짓는 공모전의 심사위원은 문예지의 편집위원이자 문예 창작 지도 강사 혹은 교수이다. 아울러 문학상 수상자이거나 심사위원이다. 이들은 고스란히 공적 지원금의 수혜자이거나 선정위원이 되는 경우가 잦다. 한 사람이 여러 자리를 겸임하기 때문에 권력이 집중되고 그 파급력도 강해진다. 한국의 남성 사회가 늘 그렇듯이, 이 권력을 행사하는 자들은 학연과 지연과 출판사가 주최하는 술자리 문화를 통해 인적 네트워크를 형성해 왔다. 학연, 지연, 술자리 문화를 통해 권력은 호환되고 전파되고 세습되었다. 한국의 남성 사회가 늘 그렇듯이, 이 네트워크는 도덕 불감증을 의리로 호환하는 통로가 되었다. 성폭력을 비롯한 각종 비리가 아무렇지도 않게 발생되고 아무렇지도 않게 은폐될 수밖에 없다.

또한 성폭력 사건을 처리할 징계 장치와 분쟁 해결 기구가 문단에는 전무하다. 징계 장치와 분쟁 해결 기구가 필요한 적이 단한 번도 없었던 것일까? 징계할 일과 분쟁을 해결할 일이 단 한번도 일어난 적 없는 순결한 조직이었던 것일까? 문단은 작가를 징계할 사건과 해결해야 할 분쟁 앞에서 매번 어떤 태도를 취해왔던 것일까? 문예지가 대대적으로 기획 특집으로 다루고 담론을 긁어모은 것 정도가 전부이다. 평소에는 대중에게 외면받던 문예지가 그때는 반짝 판매 부수를 올렸다. 그것으로 문단은 할 일을 다한 듯했을 것이다. 그러니 문학 권력 논쟁이 터져 나왔을 때도, 작가들이 성폭력의 가해자로 지목되었을 때도, 구체적으로 해결책을 마련해본 적이 없다. 우리가 겪은 대부분의 문제들은 그렇게 간단히 처리될 수 있는 것들은 아니었다. 그리고 문학은 언제나 신속함보다는 신중함을 선택하고 먼 미래를 위해 작동하는 것이라는 믿음 속에서, 우리가 맞닥뜨려야 할 미래에 최대한 나태하게 대응해 왔다. 단, 문단 내부의 일에 한해서만 말이다. 문단은 내부 고발을 이토록 적대시해 왔다. 회사나 학교 등의 조직이 내부의 문제를 해결하기 위해서 성폭력 상담소 같은 기구를 만들어 온 것과 달리, 이러한 해결 기구가 없는 문단의 기괴한 구조가 그 민낯을 드러낸 것이 바로 '문단 내 성폭력 고발 운동'이다. 피해자들이 피해 사실을 신고할 곳이 문단 내부에 없으니, 피해자들은 매번 개인으로서 법적 투쟁을 했고 가해자는 솜방망이 처벌을 받은 후 무사히 문단에 복귀해 왔다. 피해자는 문학을 떠날 수밖에 없었다. 그렇게 삭제된 여성 문인들을 암암리 모르지 않기에, 피해자들은 더더욱 자신을 보호하기 위해 입을 다물 수밖에 없었다.

드러난 이름과 드러나지 않은 이름

2016년 10월, SNS에서 문단 내 성폭력 해시태그 운동이 일어났다. SNS 공론화의 가장 큰 장점은 피해자의 익명성을 보장해 준다는 점이었다. 또 파급력도 강력했다. 피해 사실을 널리 알리는 것뿐만 아니라, 피해 고발 글을 읽은 또 다른 피해자가 자신의 피해를 용기 내어 공론화하는 데에 동기 부여를 했다. 언론은 연일 문단 내 성폭력 사태를 보도했다. 문예지들은 처음으로 이 주제를 특집으로 다루었다.

문단 내 성폭력 가해자들은 '작가'라는 이름으로 성폭력을 저질렀다. 유명한 작가라면서, 자신이 문단에 끼치는 영향력이 강력하다면서, 비등단 창작자들에게 위계와 위력을 행사했다. 문단 내 성폭력 사태가 언론에 보도되자 가해자들은 빠르게 SNS에 사과문을 올렸다. 작품 활동 중단, 즉 작가로서의 이름을 버리겠다는 내용을 저마다 빠뜨리지 않았다. '작가'라는 이름을 버리는 것이 이들에겐 더할 나위 없이 큰 자숙이었다. 실제로 명성이 있건 없건 간에, 작가라는 이름에 그들이 얼마나 연연해 왔는지를 입증한다. 언론 기사도, 그에 따른 반응도, 가해자들의 입장에서 '사회적 매장·망신·몰락' 따위의 단어들을 중심으로 사건을 기술했다.

어떤 작가는 가해자의 앞날을 걱정했다. 어떤 작가는 양쪽의 주장을 다 듣지 않았기 때문에 한쪽 편을 들 수 없다고 했다. 어떤 작가는 이런 방식은 문학적이지 않다고 했다. 어떤 작가는 곧 책을 출간해야 해서 관여하고 싶지 않다고 했다. 그들에게 피해자의 고발 글을 읽어보았냐고 물은 적이 있다. 제대로 읽지 않았다고 했다. 그들은 피해자에 대해 묻지 않았다. 피해자가 어떤 사람인지, 어쩌다가 피해를 당한 것인지, 피해자들이 고발 이후에 어떤 시간을 보내고 있는지, 개별 피해자들에 대해 그들은 궁금해하지 않았다. 가해자의 얼굴과 이름을 작가들과 독자들은 잘 알고 있다. 피해자에 대해서는 아무것도 알지 못했다. 가해자들의 작품과 활동을 우선 떠올렸을 것이고, 가해자들이 삶의 전부였던 문학을 잃고 방에 처박혀 있는 이미지를 떠올렸을 것이다. 안타까움의 방향이 가해자 쪽으로 쉽게 기울 수 있었다. 현실의 가해자는 우리가 막연히 안타까워했던 것과는 달랐다. 이들은 사과문을 올리고 돌아서서 다른 행동을 했다. 가해자들은 서로 연대했고, 가해 사실 인정을 번복했고, 피해 고발자를 명예 훼손으로 고소했다. 자숙은 없었다.

피해 고발자들은 속이 시원해져서 체증이 내려가고 드디어 잠을 잘 자기 시작했을까. 현실의 피해자는 전혀 그렇지 않았다. 피해자는 자신의 말을 믿어주지 않을까 봐 두려워하며 극심한 스트레스에 시달렸다. 정신과 치료를 받았다. 응급실에 가거나 자살을 시도하기도 했다. 피해를 알리고 나서 상상도 못했던 싸움을 시작해야 했다. 가해자가 폭력 행위에 대해 조사를 받는 것이 아니라, 피해자가 명예 훼손 고소를 당해 경찰서에 불려가서 조사를 받아야 했다.

"당신들[8], 누구예요."

어느 피해자의 문의가 있었다. 피해자가 페미라이터의 정체를 의심하는 것은 당연했다. 익명의 계정들이 SNS에 스멀스멀 나타나서, 응원을 가장하여 피해자에게 접근하고 있었다. 피해자의 신상 정보를 입수하려는 계정이었다. 이 계정들이 어떤 다른 목적을 숨기고 있는지 당시 누구도 쉽게 구분할 수 없었다. SNS에 계정을 만들어 갓 활동을 시작한 페미라이터는 구성원들의 이름을 우선 피해자들에게만 공개했다. 피해자들은 일단 안심하는 것 같았다. 이즈음, 구성원들의 이름을 온라인에 공개하고 활동을 하자는 의견이 모아지고 있었다. 하지만 페미라이터의 활동 범위나 실천 방식 같은 것은 내부적으로 논의되지 못한 상태였다. 매일매일 비공식적으로 피해 제보가 속출하던 나날이었다. 활동 방식과 매뉴얼이 공유되지 않은 상태에서 이름부터 공개하는 것은 시기상조라는 의견과, 이름을 우선 공개하고 모든 것을 정비해 나가자는 의견이 며칠 동안 대립했다. 한 구성원은 가해 지목인들과 오랜 지인이었다는 부담감 때문에 실명 공개가 쉽지 않다고 고백했다. 가해자로부터 회유와 스토킹에 이미 시달리고 있었으며, 앞으로 더 많은 시달림을 충분히 예상할 수 있었기 때

---

8) 여기서의 '당신들'은 페미라이터를 가리킨다. 2016년 11월, 십여 명의 작가들이 모여 '문단 내 성폭력에 반대하는 작가 행동'을 조직했다. 그리고 '페미라이터'라는 이름으로 활동했다. 〈참고문헌 없음〉 준비팀 팀원 5명 가운데 4명은 2016년 11월부터 페미라이터 구성원으로 활동했다. 이후 각자의 뜻에 따라 탈퇴했고, 〈참고문헌 없음〉 프로젝트를 구상하는 단계에서 다시 결합하게 되었다.

문이었다. 또 다른 구성원은 우리의 활동에 대한 원칙과 매뉴얼이 구비되지 않은 채 이름부터 공개하는 것은 일의 순서가 잘못되었다고 다른 구성원들을 설득했다. 의견 차이는 좀처럼 좁혀지지 않았다. 토론을 하고, 다시 토론을 하고, 또다시 토론을 했다. 투표를 하고, 다시 투표를 했다.

나는 이름을 공개하지 않아야 한다는 입장이었다. 나는 아직 학생이었으며 문단 내 성폭력 피해자이기도 했다. 온라인에 이름을 공개하면 학교 내 강사였던 가해자에 대해서 너무 많은 것들을 각오해야 했다. 피해자와의 연대는 내 문제를 해결하는 과정이었기 때문에 연대 활동은 적극적으로 할 수 있으나 실명 공개만은 되도록 피하고 싶었다. 나는 단체 채팅방에 이러한 입장을 고백했다. 내가 '문단 내 성폭력 피해자' 중 한 사람임을 강조했다. 이름을 공개하자던 구성원들은 내 이야기를 듣자마자 태도를 바꿔주었다. 이로써 온라인 이름 공개는 연기됐다. 이름이 공개되는 것에 대한 거부감 때문에, 나는 그 순간 '작가'라는 이름 대신 '피해자'라는 이름을 선택했다. 나는 피해자일까, 연대자일까, 작가일까. 어떤 프레임을 선택하냐에 따라 내 의견이 배제될 수도 있고 관철될 수도 있었다. 내 진실이 아니라, 내가 선택한 프레임으로써 말이다.

페미라이터는 활동 범위와 방향성을 합의하기 위해 내부 회의를 거쳤다. 피해자와 직접 연대하기보다는 문단의 환경을 개선하는 운동에 중점을 두자는 의견이 모였다. 구성원들의 이름을 온라인에 공개하는 것도 함께 결정되었다. 신망을 얻는 것이 이 활동에서 가장 중요하다는 뜻에서였다.[9] 그때 나는 문단 환경 개선보다는 피해자와 직접 연대하는 것이 더 시급하고 절박하다고 느끼고 있었다. 피해자와 직접 만나서 연대를 하면서 체감한 당연한 결과였다. 피해자들도 기성 문인들과의 연대를 절박하게 요청하던 상황이었다. 누군가는 피해자들과 직접 연대를 해야 할 필요가 있었다. 나는 피해자와 직접 연대를 지속할 다른 방법을 모색하기로 하면서 페미라이터를 탈퇴하게 되었다.

이후, 피해자와 직접 연대하기를 원하는 사람들이 모여 〈참고문헌 없음〉 준비팀을 결성했다. 준비팀은 페미라이터가 지향하는 운동에는 다음 단계에 합류할 수 있기를 바라면서, 우선 피해자를 지원하기 위해 시급하게 〈참고문헌 없음〉 프로젝트를 기획했다. 준비팀은 이 프로젝트를 문단 내 성폭력 반대 운동의 다양한 방식 중 하나라고 보았다. 프로젝트를 기획하면서 준비팀은 가장 먼저 페미라이터의 구성원 전원에게 연대를 요청했고,

---

9) 작가들은 숱한 시국 선언에 이름을 올리고 결속해 왔다. 힘을 모아야 할 상황 앞에서 작가들의 이름을 모아 성명서를 발표해 온 관례는, 유신 정권과 군부 독재를 거치면서 민주화 운동을 선도했던 작가들로부터 물려받은 유산이었다. 서명이나 연명의 형태로 작가들의 이름이 기입된 이슈에서, 그 중심에 선 작가는 하나의 상징이 되어왔다. 이 상징이 때로 절대적인 권력으로 숭배되어 왔다. 자유실천문인협의회가 민족문학작가회의로, 다시 한국작가회의로 변신하는 역사적 과정에서, 이렇게 쓰였던 이름들의 주인은 창작과비평사를 중심으로 하는 민족 문학 진영의 스타 작가가 되어 왔다.

구성원 모두 수락을 했다. 운동 방식이 서로 다른 두 연대체가 따로, 또 같이 이 운동을 이어 갈 수 있기를 희망했다.

논란의 한가운데에서

〈참고문헌 없음〉은 문단 내 성폭력 발화, 싸움, 연대의 기록이자 피해 고발자를 지지하는 프로젝트로 기획되었다. 피해 고발자의 증언 글, 여성 작가들의 자기 성찰의 글을 한데 모아 단행본으로 출간하면서, 그 수익금을 피해 고발자들의 법률 비용과 의료비 지원을 위한 기금으로 사용하기로 합의했다. '참고문헌 없음'이라는 표현은, "지금까지 문학계 내에서 여성의 목소리를 삭제해 온 '문헌'들에 맞서, 여성의 입으로 스스로의 이야기를 시작한다는 의미"를 담은 것이다. 자신이 쓴 글이 다른 피해자를 돕는 힘으로 전환될 수 있기 때문에 피해자들은 이 프로젝트를 자신의 프로젝트로 여기고 참여했다. "약자의 언어가 또 다른 약자를 지킬 수 있기를"[10] 바랐다. 문단 내 성폭력 피해자들은 '글쓰는 사람'이라는 공통점이 있었기 때문에, 글 쓰는 자의 정체성 자체가 〈참고문헌 없음〉의 가장 큰 원동력이 되었다.

문단 내 성폭력에 경악하고 어떤 식으로든 행동해야겠다는

---

10) 3인이 공동 집필한 《참고문헌 없음》의 '서문'에 수록될 봄알람 출판사의 이민경의 문장이었으나, 봄알람 출판사가 하차하면서 《참고문헌 없음》에는 실리지 못했다.

다짐을 품고 있던 여성 문인들이 이 프로젝트에 함께했다. 피해 고발자를 포함하여 글 쓰는 자라는 정체성을 지닌 여성 문인 138인이 참여했다. 이들은 모두 각자의 의지를 담은 짧은 문장을 실무자인 준비팀에 보내왔다. 이 문장들은 《연대의 책》이라는 소책자에 수록되었으며, 《참고문헌 없음》과 함께 발행되었다. 준비팀이 《참고문헌 없음》에 밝혀 둔 프로젝트의 취지는 크게 세 가지였다.

첫째, 문단 내 성폭력 피해 고발자들에 대한 실질적인 비용 지원을 하고자 했다. 법률 비용과 의료비 지원을 위한 기금을 만드는 일은 물질적인 비용 마련만을 의미하지 않는다. 성폭력 전문 변호사 등 성폭력 사건 지원 시스템과 연대망을 만드는 것을 의미한다. SNS의 문단 내 성폭력 고발은 문단 내 성폭력이 지속되고 은폐되어 온 구조를 드러냈다. 이를 해결하는 과정은 개별적인 싸움만이 아니며, 우리를 둘러싼 환경과의 싸움으로 나아가야 할 것이다. 피해자들의 법정 투쟁은 범죄로 인식되지 않고 있던 문화예술계 성폭력에 대한 인식 변화를 위한 싸움이기도 하다. 피해자들에 대한 기금 지원은 문단 내 성폭력을 해결하기 위해 함께 책임지는 과정이라고 우리는 판단했다.

둘째, 문단 내 성폭력에 대한 글들을 안정적인 기록물로 출간하여 SNS와 문단 너머로 확산하고자 했다. 피해 생존자들의 목소리를 포함한 이 글들은 2016년 가을부터 여러 문예지에 분산되어 발표되면서 SNS에서 주요 의제로 떠올랐지만, 잡지라는 발표 지면의 특성상 시기가 지나면 주목도가 휘발될 위험이 있고 따로 찾아 읽기도 어렵다는 한계가 있었다. 우리는 이 글들을 한데 모아 단행본 형태로 출간해, 그동안 쉬쉬하던 문단 내 성폭력에 대한 거의 최초의 사회적·집단적 발화를 안정적인 기록물로 남기기로 했다. 특히 피해 고발자들의 발언을 법률 자문을 거쳐 정연하게 정리해 공론화의 절차적 토대를 마련하고자 했다.

셋째, 피해 고발자들의 목소리를 지지하는 개별적인 여성 문인들의 움직임을 '연대자'의 이름으로 모으고자 했다. 여기서 '여성 문인'이라 함은 등단 절차를 통과한 여성이 아니라 '글 쓰는 자의 정체성을 지닌 모든 여성'을 뜻하는 것으로, 그런 여성이라면 누구나 참여 가능하게 했다. '대표자 없음'을 원칙으로 세우고 자발성을 중요한 연대 원리로 삼았다. '여성 문인 138인' 명단은 그렇게 만들어졌고, 그 과정은 곧 문단 내 성폭력 피해 증언자들의 목소리를 함께 지켜내려는 많은 동지가 있음을 확인하고 알리는 과정이었다.

텀블벅 펀딩 진행과 단행본 제작 및 출간은 페미니즘 독립 출판사 봄알람에 의뢰했다. '성폭력 고발'이라는 예민한 문제를 페미니즘적 시각으로 다루고, 펀딩 프로젝트를 이끌어줄 적임자가 봄알람이라고 판단했다. 준비팀은 가까이 접할 수 있던 문학 전문 출판사에서 이 단행본이 출간되는 것을 경계했다. 문단 내 성폭력 고발은 문단 바깥으로 널리 알려져야 하며, 특히 페미니즘 운동과 결합해야 한다고 판단했기 때문이다. 이 프로젝트는 SNS

에서 빠르게 확산되었다. 펀딩을 시작한 그날에 목표액을 달성할 만큼 뜨거운 관심의 한가운데에 있었다. 그러나 펀딩을 시작한 지 2주 후, 프로젝트는 뜨거운 논란의 대상이 되었다. SNS에서 'E'가 문제를 제기하면서부터였다. E는 5년 전 데이트 폭력 가해자로 출판사 봄알람의 구성원을 지목했다. 가해자로 지목된 봄알람 구성원은 〈참고문헌 없음〉 프로젝트에서 하차했다. 피해자에게 사과를 했고 피해자가 요구한 사항들을 이행했다. 관심이 뜨거웠던 만큼 논란과 비난도 뜨거웠다. 그 과정에서, 데이트 폭력 가해자로 지목되었던 봄알람의 구성원이 데이트 폭력 가해 이전에 E로부터 데이트 성폭력 피해를 입어 왔음이 밝혀졌다. 피해자와 가해자가 교차하는 순간이었다. E는 SNS 계정을 잠근 채 사라졌다. 이후, 출판사 봄알람 전원이 〈참고문헌 없음〉 프로젝트에서 하차하면서, 다음과 같은 입장문을 남겼다.

　봄알람의 마케터인 폭행 가해자 D는 폭행 피해자 E에 의해 관계 속에서 지속적 성폭력을 당하고 이별 당시 스토킹으로 아웃팅 위협을 당한 성폭력/이별폭력 피해자이기도 합니다. 그러나 D는 성폭력 피해 사실을 다시는 말하고 싶지 않고, 성폭력 가해자 E에게 공공연한 방식으로 수치심을 안기고 싶지 않다고 했습니다. 저희는 이것을 존중했기에, D의 폭행 사실을 은폐하지 않고 책임을 다하고자 했습니다. E의 조력자이자 〈참고문헌 없음〉 팀의 연대자셨던 분(필자 주: S)께서 일찍이 이 사건을 프로젝트에 대한 문제 제기와 섞어 SNS상에 공론화하셨을 때 제대로 대응할 수 없었던 것, 그리고 "〈참고문헌 없음〉을 있게 한 것이 페미라이터"라는 사건 자체와 무관한 이유를 들면서 페미라이터에 폭행 사건 공개를 요구하셨을 때, 여러 의아함에도 불구하고 피해자 E의 승인을 거쳐 이에 응한 것 또한 이 맥락 위에 있습니다. …… 피해자 중심주의는 공평하게 적용되지 않았습니다. D가 당한 폭력은 전면 부정되었고 그의 토로는 가장 끔찍한 말로 비난당했습니다. 이것은 성폭력 피해자 D가 지금까지 자신이 당한 폭력에 대해 끝내 말하기를 꺼려했던 이유였고, 결국 그는 회복할 수 없는 상처를 입었습니다. 폭력의 경험이 무엇으로도 묻히지 않는 일은 무엇보다 중요하며, 그때 그 용기는 절대로 비난당하지 않아야 합니다. 피해자 중심주의와 2차 가해 개념은 이것을 위해 있습니다. …… 2차 가해라는 말이 누군가의 입을 막는 용도로 쓰일 수 있음을 확인할 수밖에 없었습니다. 전형적인 가해자의 논리란 없습니다. '어떤 이유에서도 폭력은 폭력'이라는 말과 '맥락을 보아야 한다'는 말은 아내를 죽인 남편을 옹호하는 이에게서도 나올 수 있고 비판하는 이에게서도 나올 수 있습니다. 어떤 상황에서 어떤 이유로 그 말을 쓰고 있는가를 살피는 일이 더 중요하다 생각합니다. 피해와 가해가 교차할 수 있다고 말할 수 있어야 더 적극적으로 피해자를 보호할 수 있다고 믿습니다. …… 당초 〈참고문헌 없음〉 프로젝트에서 하차했던, 폭행 가해자이자 성폭력 피해자인 봄알람의 마케터는 끝까지 봄알람과 함께 갑니다.[11]

봄알람은 논란의 당사자가 된 구성원을 빠르게 삭제하는 것으로 문제 해결을 하려는 것에 동의하지 않았으며, 공동체로서 이 문제를 해결하려 했다. 그것이 봄알람 전원이 프로젝트 하차를 결정하게 된 중요한 이유였다. 이후, 〈참고문헌 없음〉 준비팀은 텀블벅 운영과 단행본 출간을 책임지기로 했다. 봄알람과 〈참고문헌 없음〉 프로젝트를 비판하던 황정은 작가는 당시를 이렇게 소회했다. "지난 3월에 나는 한 사람과 그가 속한 공동체를, 그리고 그와 연대로 연결된 또 다른 공동체를 몰아붙이는 데 가담하고 말았다."

3월 14일 저녁, 봄알람의 마지막 입장문을 읽었다.

그 순간을 기억한다.

제대로 논의되지 않고 있다고 판단해 논의를 해보자고 내가 동참해 힘껏 끌어낸 것은 내가 본 적 없는 얼굴이자 아직 보지 못했을 뿐인, 한 사람의 처참한 얼굴이었다. 그것을 비로소 알고 피가 다 사라진 것처럼 앉아 있던 그 한 시간을 나는 두고두고 잊지 못할 것이다. 나는 내 무지와 오판으로 내내 부끄러울 일을 겪었으나 그 한 사람이 겪은 일, 그의 경험을 어떻게 책임져야 할지 나는 지금도 알 수가 없다. 짤막하게나마 내 계정에 사과의 말을 남겼지만 그에게는 개별

---

11) 우유니게, 이두루, 이민경, https://twitter.com/baumealame/status/841612617760223232

적으로 연락하지 못했고 그게 적절한지도 알 수 없어 다만 이렇게 기억하고 복기한다. 우리로서 내가 무슨 짓을 했는가를.

　지난 3월에 나는 한 사람과 그가 속한 공동체를, 그리고 그와 연대로 연결된 또 다른 공동체를 몰아붙이는 데 가담하고 말았다. 나는 왜 그렇게 했을까. 각자에게는 각자의 이유가 있었을 텐데 내 경우엔 그게 무엇이었을까. 3월 14일 이후로 내내 그것을 생각하고 있다. 거기에 무엇이 있었을까. 글쓰기의 무력함을 긍정하면서도 지난 몇 년 동안 내가 경험한 그 무력함이 너무도 지긋지긋해 현실적인 변화를 가져올 수 있는 프로젝트를 순진하게 희망한 마음이 있었을 것이고 펀딩 마감이라는 조건에 대한 조바심도 있었을 것이다. 신문의 속도와는 명백히 다른 SNS의 속도를 내가 감당할 수 있을 것이라고 여긴 오만도 있었을 것이고 전반적으로는 내 무지가 엄청난 양으로 있었으며 질문하고 대답을 들을 권리가 내게 있다고 여겼던 어설프고 사나운 마음 등등이 있었을 것이다. 그러나 무엇보다도 이것은 의심보다는 불신이라는 간편한 상태를 선택한 내 나태함이 벌인 일이었고 다른 무엇보다도 내 나약함이 벌인 일이었다.[12]

　논란은 잦아들지 않았고 더 거세졌다. 논란의 이유도 다양해졌다. 비난의 대상이 준비팀으로 바뀌어 있었다. 준비팀을 규탄하면서 이 프로젝트를 중단하라는 요구들이 빗발쳤고 거세게 번

---

12) 황정은, "부기", 《참고문헌 없음》, 235쪽.

져 나갔다. 〈참고문헌 없음〉 프로젝트에 성폭력 2차 가해자가 참여한다. 프로젝트 준비팀이 기금 대상을 자의적으로 선별한다, 문단 내 성폭력 피해자의 노동력을 착취했다, 위계적으로 편집권을 남용했다 등등, 수많은 루머가 생겨났다.

출판사 봄알람이 하차했으나 준비팀은 펀딩을 중단하지 않고 완주하고 싶다는 입장을 SNS에 밝혔다. 피해자 지원 약속을 지키는 것이 준비팀으로서는 가장 책임 있는 태도라고 판단했다. '함께하는 여성 문인'에게 프로젝트 진행 가부에 대한 동의를 얻는 과정을 거쳤고, 프로젝트를 계속 진행하는 것이 결정되었다.

결국 이 프로젝트는 총 2,281명의 후원자들로부터 약 6천만 원의 후원을 받고 종료되었다. 총 29편의 증언 글이 수록된《참고문헌 없음》은 외주 편집자[13]의 손을 거쳐 비매품으로 간행되었다. 단행본 제작비를 제외한 수익금 전액으로, 피해자 7명이 변호사와 형사 사건 수임 계약을 체결했고, 의료비 지원을 요청한 피해자 10명 전원에게 의료비를 지원했다. 지금도 피해자들의 법적 투쟁은 진행 중이다.

---

13) 논란의 한가운데에서 선뜻 편집을 맡아준 외주 편집자 고나리 님께 다시 한 번 감사의 인사를 남겨 둔다.

자격과 무결

프로젝트를 완주하고 싶다는 입장을 발표하자, 이를 비판하는 글이 SNS에 수차례 올라왔다. 이 중심에 S[14]가 있었다. S는 "준비팀이 봄알람 사건을 은폐했다, 책임을 피하려 이름 공개를 하지 않고 그 이유를 그럴듯하게 포장하고 있다, 자신을 소외시키고 착취했다."라며 프로젝트를 진행할 자격이 없다고 호소했다. S의 대리인으로 페미라이터의 두 구성원이 지정되었다. 페미라이터의 몇몇 구성원들은 각자의 SNS 계정으로 S의 입장을 지지하며 프로젝트를 규탄하는 내용의 글을 올렸다. 이 규탄은 프로젝트 중단 요구로 이어졌다. 페미라이터 공식 계정에서도 프로젝트를 규탄하는 메시지가 꾸준히 리트윗되었다. 많은 작가들이 페미라이터의 입장에 동조했다. '기성 작가'라는 영향력은 S의 주장을 기정사실로 보이게 하는 데 큰 힘을 행사했다. 피해자들이 처한 상황은 모두의 관심 바깥으로 밀려났다.

---

14) 연대자 'S'는 문단 내 성폭력 해시태그 운동 초기에 P 시인의 피해자로서 증언 글을 썼다.(이 글은 게시 이후 얼마 지나지 않아 스스로 삭제해서 남아 있지 않다.) 이후, 연대자 책은탁과 더불어 피해자들과 직접 접촉하며 연대를 해 왔다.(문예지에 기고한 두 편의 증언 글은 거의 연대자의 입장에서 기술되어 있다.) "기성 작가들이 비겁하고 무관심해서 나를 비롯한 문단 내 성폭력 피해자들이 성폭력 반대 운동을 대신하고 있다."라며 S는 SNS에 고통을 호소했다. 이후, 〈참고문헌 없음〉 준비팀은 S에게 준비팀과 연대를 정식으로 요청한 적이 있다.(그에 따른 확답을 S에게서는 듣지 못했다.) 또한, S는 E(봄알람 구성원을 데이트 폭력 가해자로 지목한)의 연대자였다. 성폭력 피해자, 성폭력 피해자들의 연대자, 준비팀의 연대자, E의 연대자로 S의 정체성을 요약할 수 있겠다.

준비팀은 가해자로 프레임화되었다. 준비팀은 "가해자가 아니다."라며 간단하게 항변하는 길을 선택할 수 없었다. 왜냐하면 규탄을 주도한 이가 문단 내 성폭력 피해 고발자였기 때문이다. 피해 고발자가 SNS에서 사실이 아닌 정보를 퍼뜨리고 있다고 해서 그 시시비비를 SNS에서 가리는 것이 옳은 일인지를 두고 내부에서 첨예하게 논쟁을 했다. 준비팀은 최대한 논쟁하지 않는 것을 방침으로 정했다. 이는 SNS에서 '침묵으로 일관한다'는 비난을 키웠다. 이에 준비팀이 입장문을 발표하자 "입장문이라는 명분으로 피해자들을 비난하며 가해하는 일을 그만두시기를 요구합니다."라는 비판이 이어졌다.

　　그늘진 벌레들처럼
　　검은 글자들을 적고 단어들을 적고 모으고
　　있다
　　너무 많은 단어들을 잃어버렸다
　　아름답구나
　　라는 말은 더는 못 쓸 것 같다 / 이런 말
　　이상하구나 / 이런 말
　　몸이 출렁이는 물 주머니가 된 것 같다
　　달릴 때는 모르지 (달린다)

이 프로젝트 기획 단계에서 동료 작가들에게 동참을 요청했

을 때, 자신은 자격이 없는 것 같다며 주저하고 망설이고 괴로워
하다 참여를 고사한 작가들도 많았다. 우리 중에 무결한 사람은
없다고 생각한다며, 이 일을 하면서 함께 자격을 만들어 가는 것
이 중요하지 않겠냐며 그들을 설득하면서도 준비팀은 그들의
마음을 이해할 수밖에 없었다.

연대를 하기 위해 맨 처음 만난 자리에서 한 여성 시인이 토로하
듯 말했다. 실은 우리도 피해 생존자잖아, 라고. 그 말을 할 자격이
없을지도 모른다는 죄책감, 묵인하고 인내하며 조심조심 살아온 세
월들에 대한 속죄 의식, 좋은 사람을 골라 만나고 되도록 문단 술자
리를 피하고 나쁜 남자 블랙리스트를 쉬쉬하며 공유하여 이 강간 문
화를 방조해 왔다는 가해자 의식 같은 것들이 유리 파편처럼 피부에
박혀 있는 채로 우리는 낯선 교류와 연대를 시작했다.[15]

김소연 시인의 고백처럼, 피해자이자 방조자이자 가해자의 리
그에서 살아온 정체성을 성찰한 이후에 준비팀은 이 프로젝트
를 기획했다. 우선 우리가 지녔던 권력과 무지를 반성해야 한다
고 준비팀은 생각했다. 우리는 몰랐다. 모를 수 있는 것도 권력
이라는 사실을 너무 늦게야 깨달았다. 그랬으므로 우리는 '무결'

---

15) 김소연, "가해자의 리그에서", 《참고문헌 없음》, 190쪽. 페미라이터 결성 당시를
회고한 장면.

한 사람들의 운동으로 이 운동을 해석해서는 안 된다고 생각했다. 문단이라는 네트워크 안에 함께 있었던 작가로서, 성찰을 하고 자기 자신부터 변화해야 한다는 책임을 통감하는 것이 중요했다.

하지만 '함께하는 여성 문인' 명단이 공개되었을 때, "명단에 왜 저 사람의 이름이 있는지" 그 자격을 따지는 제보가 이어졌다. 준비팀은 명단 참여 여부에 대한 결정권이 없었다. 이 프로젝트 참여 여부는 자발성에 맡기겠다는 원칙을 정해놓았기 때문이다. 저 사람은 왜 명단에 있는가, 저 사람은 왜 명단에 없는가. 한 치의 흠결도 없는 도덕적 순결함을 스스로 입증하기 위해 우리가 모인 것이 아니었음에도, 이 프로젝트 참여자에 대한 가혹한 도덕적 검열이 계속되었다.

뜨거운 논란에도 불구하고 여전히 연대자로 남아 있는 138인. 그중에는 프로젝트가 완주하기만을 기다리던 피해자들도 포함되어 있었다. 더 많은 고통을 호소하는 사람의 말이 절대화되는 일, 가해와 피해와 가해와 피해와 가해와 피해 들의 영원한 연속, 회복할 수 없는 상처들의 무한한 연쇄를 만들어놓은 채 루머 생산자들은 모두 SNS를 떠났다.

문단 내 성폭력 피해자들이 공론화 장소로 선택한 곳이 SNS였던 만큼, 모든 일이 이 장소에서 벌어졌다. SNS에서 고발된 내용을 언론은 기사화했고, 가해자들의 사과문도 이곳에 게재되었다. SNS는 심정적이든 실천적이든 피해자들과 연대하고자 하는 사람들이 결합하는 장소가 되어 갔다. 〈참고문헌 없음〉 프로젝트 또한 SNS를 중심으로 삼아 홍보를 펼쳤다. SNS는 성폭력 피해 사실을 고발할 수 있는 순기능도 갖고 있었지만, 역으로 성폭력 반대 운동을 둘러싼 전형적인 '조리돌림'과 삭제 강요가 재현되는 장소로 변모하기도 했다. 피해자들의 고발을 가능하게 했던 SNS의 익명성은 사실이나 근거를 밝히지 않아도 루머와 음해를 빠르게 퍼뜨릴 수 있는 치명적인 단점도 있는 양날의 칼이었다. 24시간 내에 응답하라는, 입장문과 사과문이 빠르게 오가는 SNS에서는 성폭력 가해자도 얼마든지 자신에게 유리하게 여론 몰이를 할 수 있었다. 또한 자신의 발언이 음해였음이 밝혀졌을 때 계정을 잠그고 숨거나 계정을 없애고 사라지면, 그에 대한 책임을 질 필요마저 순식간에 사라졌다.[16] 페미라이터는 사과의 내용을 담은 입장문[17]을 올리고 해산했고, SNS 계정과 홈페이지를 삭제했다. 작가 서약[18]에 동참했던 749명의 작가 명단도 페미라이터와 함께 사라졌다.

---

16) 〈참고문헌 없음〉을 비난했던 셰도우핀즈는 계정을 잠근 채 잠적했다가 수개월 뒤 뒤늦은 사과문을 남겼다. 닉네임으로 활동하는 몇몇 페미니스트들이 자신들의 계정에 이 논란을 정리해놓았을 뿐이다. 〈참고문헌 없음〉 프로젝트를 둘러싼 논란들을 애써 기록해 둔 몇몇 트위터 페미니스트께 감사를 전하고 싶다. 덕분에 이 글을 쓸 수 있는 힘을 얻었다.
17) 페미라이터 입장문 https://femiwiki.com/w/파일:페미라이터_2017-04-17_입장문.jpg
18) 작가 서약 https://femiwiki.com/w/파일:페미라이터_작가서약.jpg

우리는 아무래도
사과의 허구를 이해해야 할 것 같다
이해의 허구도 사과해야 할 것 같다

사과를 구하면서
사과로부터 하염없이 하염없이 멀어져 가는 사람들

화가의 정물로 사랑받아 온 사과들
건강미 넘치는 사내들의 앞니 자국이 찍힌 사과들
트럭을 타고 달리는 사과 더미들

우당탕탕
언덕을 굴러 내려오는
새빨간 사과들

사과가 하나둘씩 멈추면
허리를 굽혀 멍든 사과를 주워 드는 사람들

사과에 대해 너무 많이 생각하니
벌써 용서받은 것 같다
용서의 허구에 대해서는 용서할 수 있을 것 같다

"너라도 빠져나와."

나는 〈참고문헌 없음〉 준비팀이 된 것을 후회했다. 준비팀이 되지 않았다면 먼발치에서 준비팀을 이모저모 비판하며 잘 지냈을 것이다. 누군가와 등질 일도 없었을 것이다. 프로젝트를 맹비난했던 내 지인들은 자신의 SNS 계정에서 나를 차단했다. 우연히 길에서 맞닥뜨렸을 때에도 인사 한마디 없이 차가운 시선으로 나를 바라보았다. 누군가와 싸우지도 않았는데 어쩌다 싸운 것처럼 불편한 관계가 돼버린 걸까.

〈참고문헌 없음〉을 둘러싼 논란이 일었을 때 나는 봄알람과 준비팀을 의심한 적이 있다. 나는 준비팀의 팀원들과 친분은커녕 일면식도 없던 사이였다. 그나마 안면이 있던 팀원 한 명으로부터 일을 도와줄 수 있겠느냐는 부탁을 받아 수락한 것이 전부다. 〈참고문헌 없음〉 프로젝트 펀딩을 시작하기 직전 프로젝트를 SNS에서 홍보하는 일을 맡아 준비팀에 합류했다.

나는 문단 내 성폭력 사태 앞에서 작가로서의 책임감보다 같은 여성이라는 동질감 때문에 준비팀에 참여했다. 같은 사회 활동 범위 안에 있는 여성들이 폭력을 당했을 때 내 일처럼 여겨 함께하고, 부조리한 사회 풍토를 개선해야 한다는 사회인으로서의 책임감이었다. 그런데 팀에 합류하자마자 프로젝트를 향한 온갖 문제 제기가 쏟아졌다. 나는 어안이 벙벙할 뿐이었다. 사태 파악을 하는 데에만 오랜 시간이 걸렸다. 그간의 사연들을 하나

하나 혼자 이해하느라 팀원들과 함께 어떻게 대처할지 궁리할 수도 없었다. 준비팀원인데도 불구하고 타인의 SNS를 읽고 나서야 알게 되는 사실들도 있었다. 프로젝트를 지켜본 많은 후원자들이 나와 비슷했으리라 생각한다.

〈참고문헌 없음〉 프로젝트의 준비팀을 가해자로 프레임화했던 이들은, 대부분 나와 몇 년씩 알고 지낸 지인들이었다. 서로 안부도 묻고, 삼삼오오 모여 낭독회도 하고, 밥도 먹고 술도 마시며 놀았던 나의 다정한 동료들이었다. 반면 내게 준비팀의 팀원들은 모르는 이들에 가까웠다.

왜 나의 다정한 동료들이 입을 모아 이 프로젝트를 중단하라고 외치며 강경한 목소리를 내는 걸까? '데이트 폭력의 가해자', '위계 폭력', '편집권 남용' 같은 비난들이 진실이 아닐까? 무슨 이득이 있어 S가 없는 말을 지어낼까? 나는 팀원이라는 이유만으로 무작정 팀원들을 신뢰하고 있지는 않은가? 누구의 말도 믿지 못하고 갈팡질팡하는 내가 준비팀에 있어도 괜찮은 걸까? 준비팀의 팀원들이 이토록 괴로워하는 모습을 보고 있어도 되는 것일까?

SNS에서는 논란이 지속되고 있었다. 필진들은 자신의 원고를 빼 달라는 메일을 하루걸러 보내왔고, 연대자들은 동시다발적으로 지지와 후원을 철회했다. 문단 내 성폭력 고발자들은 무고와 명예 훼손 혐의로 역고소를 당해 고통받고 있었다. 우리가 진정으로 목소리를 들어야 할 성폭력 피해자들은 저편으로 밀려난

느낌이었다. 혼란스러운 날들이었다. 이 혼란을 팀원들에게도, 지인들에게도 털어놓을 수 없어 외로웠다.

그즈음 몇 명의 지인들로부터 연락을 받았다. 이들은 내가 준비팀이라는 사실을 알고 있었다. 준비팀의 명단이 연대자들에게도 공개되기 전이었기 때문에 굉장히 놀랐다. 이들이 내가 준비팀인 걸 알고 있다면, 가해자들 또한 내 신상을 알고 있겠구나 싶어 두려웠다. 지인들이 내게 건넨 말들은 대체로 비슷했다.

"네 이름이 거기 왜 있어?"

"한 푼도 안 주는 일을 뭣 하러 도와주고 있어?"

"일련의 사태를 쭉 지켜봤는데, 준비팀이 잘못한 거 맞아. 네가 팀 내부에 있어서 판단력이 흐려진 거야."

"어린 너를 이용하고 있는 거야. 네가 걱정스러워."

그들의 말을 경청하면서 깨달은 사실이 있었다. 그들도 잘 모른다는 것. 준비팀의 입장문이 발표되기 이전이었으므로 준비팀의 사정을 아는 사람이 있을 리 없었다. 준비팀의 발언을 듣기도 전에 이미 잘못으로 상정되어 있었다. 몰이해 속에서 그들은 〈참고문헌 없음〉 준비팀의 미숙함을 부당함으로 치환하고 있었다. 이 '부당함'이 부당함이라는 것을 알게 되어도 그들은 책임을 감당하지 않을 것이었다. 그리고 내게 가장 기억에 남는, 가슴을 후벼 파는 한마디가 있었다.

"그 사람들은 미쳤어. 너라도 빠져나와."

그 말을 듣는 순간 머릿속이 명확히 정리되었다.

그때 나는 '끝나는 것을 끝까지' 함께하기로 마음먹었다. 내가 우선 해야 할 것은 '준비팀의 완전 무결한 자격'을 판단하는 일이 아니었다. 프로젝트가 중단된다면 법률 지원이 필요한 문단 내 성폭력 피해자들은 어떻게 되는 것인가. 우리가 해야 할 일은 논란의 당사자가 된 사람들을 빠르게 삭제하고 프로젝트를 중단시켜버리는 일이 아닌, 논란을 회피하지 않으며 끌어안은 채 피해자들과 연대자들의 목소리를 모으는 일이어야 했다.

연대와 책임

"제 이름도 같이 적어주세요."

준비팀이 '함께하는 여성 문인'들에게 프로젝트 진행 가부를 묻는 메일을 보낼 때였다. 메일의 서명 부분에는 실무자인 준비팀원의 이름을 적었다. 가장 나중에 팀에 합류한 작가의 이름은 빼고서 메일을 발송하자고 중지를 모았다. 당시 준비팀은 폭력을 묵인하고 위계적 권력을 휘두르며 오만과 무능과 비윤리성에도 불구하고 돈을 위해 프로젝트를 포기하지 않는 집단으로 매도되어 규탄의 한가운데에 놓여 있었다. 준비팀은 가장 책임이 적은 한 명이라도 보호하고 싶었다.

"나중에 상황이 나아진다면 그때 이름을 함께 적기로 해요. 지금은 뺍시다."

이름이 밝혀질 때, 그 신인 작가의 앞날이 어떠할지 막막했다.

"괜찮아요. 적어주세요."

그의 책임은 가장 적었지만, 그는 이름을 드러내고 비난의 화살을 함께 맞기로 결정한 듯했다. 그의 이름을 나란히 함께 적어 메일을 발송했다.

변호사가 말했다.

"소송을 당할 수도 있습니다."

그때 내 대답도 같았다.

"괜찮아요."

준비팀은 '대표자 없음'을 표방했다. '함께하는 여성 문인 138인' 중 한 명이고자 했다. 하지만 실무자로서 역할을 나누고 책임을 다해 왔다. 준비팀이 '대표자 없음'을 표방한 것은 이 프로젝트를 통해 작가로서 어떤 추가적 이익도 원하지 않았기 때문이다. 작품 외적 실천이 작가의 자산이 되는 것을 경계하고 싶었기 때문이다. 굳이 불이익을 자처할 생각 또한 없었다. 연대자에게는 스스로를 보호하고 활동 방식을 선택할 권리가 있다고 판단했다. 준비팀은 실무자의 이름을 밝히는 것이 책임을 지는 것과 등치된다는 일반적인 공식을 신뢰하지 않았다. 위기를 극복하고 끝까지 피해자와 함께하는 것이 준비팀이 짊어질 수 있는 책임이었다. 펀딩이 마감되던 날, '고발자 5'는 "피해자, 고발자가 아닌" "프로젝트 필진으로서" "〈참고문헌 없음〉 프로젝트의 성공을 진심으로 바라며, 지지하고 있다"는 입장을 SNS에 발표했다.

 〈참고문헌 없음〉 프로젝트에 참여한 것은 저희의 선택이었습니다. 그리고 선택은 그것에 대한 책임을 전제합니다. 저희는 그 책임을 지지와 후원 취소 및 원고 철회를 통해 〈참고문헌 없음〉 프로젝트 쪽으로 온전히 유보하며 선을 긋고 싶지 않았습니다.
 저희가 생각하는 문단 내 성폭력 운동의 근본적인 목표는, '문학'이 일종의 시스템으로 작용하여 약자의 언어를 수탈하는 데에 기여했다는 것을 알게 된 지금의 우리가, 그 권력을 해체하고 더 이상의 피해를 방지할 수 있는 방법을 찾는 것입니다. 또한 저희는 〈참고문헌 없음〉 프로젝트가 그 과정에 있어 중요한 위치에 있다고 생각합니다. …… 〈참고문헌 없음〉 프로젝트의 의의는 피해자들에게 물적 자원을 제공하는 것뿐만 아니라, 그들에게 앞으로 안전하게 말할 자리를 마련하는 것, 성폭력 가해자들에게 연대의 힘을 보여주는 데에도 있습니다. 따라서 저희는 원고 철회, 나아가 프로젝트의 중단이 지금 저희가 짐작할 수 있는 것보다 더욱 부정적인 영향을 초래할 수도 있다는 판단을 내렸습니다. 저희는 계속해서 프로젝트의 필진으로 남아 있기로 했습니다. 또한 저희는 〈참고문헌 없음〉 프로젝트와 그 팀의 완성도에 앞서 그들의 소통 의지와 발전 가능성, 그리고 그 이후 더 나은 연대로의 환원 가능성을 지지합니다.[19]

---

19) '고발자 5', https://twitter.com/third_rate_kind/status/843696138918158336

'고발자 5'가 밝힌 바와 같이, 연대와 책임은 유보의 방식으로 선을 긋는 것이 아니다. 계속할 수 있다는 발전 가능성을 서로에게 열어 두는 것이다. 그래야만 더 나은 연대로의 환원 가능성도 열릴 수 있다.

　'고발자 5'가 SNS 계정에 맨 처음 글을 올렸던 그 밤을 나는 기억한다. 글을 읽고 나서 한참 동안 거실에 망연히 앉아 있었다. 문단 내 성폭력 고발을 주목하고 있던 많은 이들이 나와 같았을 것이다. 프로젝트가 위기에 처했을 때, 프로젝트 중단 요구가 빗발칠 때, 나는 그 밤을 몇 번이고 떠올렸다. 당시 피해자들은 이 프로젝트의 수임 변호사에게 "우리는 어떻게 되냐."라고 물었다고 했다. 변호사는 펀딩이 무산되어도 다른 방법을 찾아볼 테니 염려하지 말라고 피해자들을 안심시켰다고 했다. 펀딩 금액이 점점 올라가고 있을 때에는 기금 운영 방식에 대하여 변호사와 함께 지금보다는 더 넓은 기획을 하고 있었다. 피해자에게 들어오던 역고소 법률 비용 지원뿐 아니라, 미래를 대비할 수 있는 기금도 운영할 수 있으리라 기대하고 있었다. 봄알람 출판사를 통해 《참고문헌 없음》이 정식 출간이 되면 지속적인 판매 수익도 발생할 것이고, 지속적인 지원도 가능할 것이라고 기대하고 있었다. 그러나 지금 준비팀은 역고소를 당하는 피해자나 조력자를 무력하게 보고만 있다. 우리가 도달할 수 있었지만 잃어버리고 만 미래가 고통스럽게 환기된다. 문단의 구조적 대안에 대한 모색은 시작도 못한 채, 지금은 피해자와 가해자의 개인 싸움만 남아 있다.

봄알람 출판사의 하차 이후 비매품으로 《참고문헌 없음》이 2017년 5월에 출간되었다. 이 글을 쓰는 2018년 2월, 〈참고문헌 없음〉 프로젝트를 둘러싼 문단 내 성폭력 반대 운동의 한계를 거칠게 요약해본다. 우선, 기존 반(反)성폭력 운동의 담론과 해결 방식의 한계가 〈참고문헌 없음〉 논란에 그대로 반영되었다. 피해자 중심주의는 과연 무엇인가. 피해자와 연대자에게 종종 악영향으로 작동되어 상처를 남기는, 피해자 중심주의의 오용은 어떻게 다루어야 하는가. 성폭력 피해자에게 가해지는 '2차 가해'의 기준은 무엇인가. 명예 훼손으로 곧장 치환되어버리는 가해자의 실명 고발은 어떻게 인식되어야 하는가. 모든 성폭력은 권력이 자행한 폭력이라는 데 동의할 때, 퀴어 담론에서 피해와 가해, 그리고 아웃팅은 어떻게 해석해야 하는가.

봄알람 구성원은 퀴어 담론의 피해와 가해에 대한 인식의 부재 속에서 고통받았다. 흡사 연좌제처럼 봄알람 출판사 전체가 가해자로 지목되었으며, 이 프로젝트의 기획자이자 파트너였던 준비팀도 가해자라는 프레임에 함께 갇히게 되었다. 가해자 프레임 속에서 준비팀의 모든 조치와 행위와 입장은 반성 없는 폭력 행위이거나 자기 합리화, 혹은 피해자에 대한 2차 가해 행위로 취급되었다. 연대자에 대한 최소한의 존중도 없었다. 우리는

'누가 가해자인가'보다는, '무엇이 폭력인가'를 질문했어야 했다. 2차 가해에 대해 발언할 때에도 무엇이 성폭력 피해를 의심하게 하고 성폭력 고발을 어렵게 하는지를 질문했어야 했다. 그러나 2차 가해를 언급했던 SNS 사용자는 '누가'도 적시하지 않았고, '어떤' 가해 행위인지도 적시하지 않은 채로, "《참고문헌 없음》 필진에 2차 가해자가 포함되어 있다."라는 말만 SNS에 던져놓았다. SNS 여론은 누가 2차 가해자인지에 집중했으며, 〈참고문헌 없음〉을 오염된 프로젝트로 인지했다. 성폭력을 해결하기 위한 장치들이 반(反)성폭력 운동을 하는 연대체를 공격하는 프레임으로 고스란히 악용되었다.

피해자는 누구이고 가해자는 누구인가. 이것은 사회 정의의 실현과 갈등 해결을 위한 궁극적인 테제였다. 공동체가 가해자 처벌로만 갈등을 다룰 때, 피해자와 공동체의 회복은 어떻게 이루어지는가? 공동체의 책임과 역할은 어디에 있는가? 그것은 심판인가? 그렇다면, 심판자는 언제나 믿을 만한 존재인가? 심판자에 대한 심판이 필요할 때 그것은 어떻게 이루어지는가? 우리는 여기서부터 시작한다. 〈탈선〉은 심판을 요구하거나 자처하며 불쑥 태어나지 않았다. 다만, 스스로의 공동체에 대해 직접 발화하기 위해 목소리를 냈을 뿐이다. 참상을 이겨내는 방법은 참상으로부터 고개를 돌리거나 사실 자체를 공동체에서 배제하는 것이 아니라 참상을 이해하는 것에서 시작한다는 것을 우리는 깨달았다. 우리는 피해자도, 가해자도, 방관자

도 아닌, 공동체의 일원으로서 참상을 이해한다.[20]

공동체가 가해자 처벌로만 갈등을 다룰 때, 가해자의 처벌이 끝난 자리에는 또 다른 가해자가 들어올 것이며 근본적인 문제는 해결되지 않을 것이다. 성폭력이 일어나지 않는 구조와 문화를 만들어 나가는 일이 수반되어야 한다. 문단이라는 가부장제가 지속되는 한, 성폭력에 대한 은폐 또한 지속될 것이다.

맺으며 – 남은 숙제들

그만둘 수 있다고 생각하지 않았다. 그만둘 수 없다고도 생각하지 않았다. 빗자루를 들고 서 있다가 낙엽이 떨어지면 낙엽을 쓸었다.

빗자루질을 하는 밤이 있었다. 검은 우주에 혼자 떠 있는 돌이 된 기분이었다. 이렇게 떠 있을 수는 없겠구나, 돌은 잠이 들었다. 백년의 잠이 눈처럼 내려앉겠지. 빗자루질 소리가 희미하게 들리는 아침이 있었다. 나는 일어나 빗자루를 넘겨받고 그 사람에게 잠을 권했다.

---

20) 〈탈선〉, '게르니카를 회고하며', 《참고문헌 없음》, 55쪽, 〈문학과 사회〉 2016년 겨울호에 재수록.

친구라는 단어를 쓰지 못하게 되었다. 사람들은 말을 귀 기울여 듣지 않았고 친구 편을 들었다.

말이 말일 뿐인 글을 읽지 못하게 되었다. 말의 힘을 알고 있는 사람들은 많았다. 타인에게 말을 던지는 사람들도 많았다. 자신에게 말을 던지는 사람은 있겠지만 보이지 않았다.

말의 건축은 오늘도 견고하게 진행되었다. 건축물은 조화롭고 튼튼하며 안에 들어가면 안전하고 따뜻하다고 믿게 된다. 건축물 지반은 튼튼한가요. 무너질 건축물을 짓는 게 문학이라 하니 지반에는 관심이 없나요.

작가에겐 마감이 닥치니까, 마감과 마감과 마감으로 한 달이 가고 일 년이 가고 평생이 가고, 생활고를 이겨내고 종이 뭉치 책을 남겨 두고 만족하며 죽을 것이다.

좋은 시를 쓰고 싶다는 생각이 사라졌다. 좋은 시를 써도 좋은 사람이 되지 않는 좋은 시란 무엇일까. 좋은 사람이 되겠다는 다짐이 사라졌다.

열두 번 상담사를 찾아갔다. 글은 쓰지 않으시나요? 저는 시를 못 읽겠고 시를 쓰고 싶지도 않습니다.

멀리 있는 사람들은 여전히 멀리 있고, 가까운 사람들은 입을 닫고 있다.

걷고 있는 사람들은 어디에 도착할지 모른다. 앞서 길을 간 사람들은 사라졌고 그 이야기는 전해지지 않았다.

해 질 무렵 아무 생각 없이 운전을 해서 다른 도시로 갔다. 가을이었고 햇빛에 강물이 반짝였다. 슬프지 않았고 아무렇지도 않았다.

조용해졌다.

시를 쓰고 싶구나.

그리고 이 글을 썼다. 이 글이 시인지 문학인지 이제 중요하지 않다. 오늘 아침에 현미를 섞은 밥을 먹었다, 아침 약을 먹었다, 고 적는다. 강아지들이 자는 걸 바라보았다, 고 적는다. 집이 조금 또렷해진다.

2016년 성폭력 고발 운동이 시작되던 때부터 우리는 많은 것을 재인식하지 않으면 안 되는 과정 속에 있다. 기성 세대는 성폭력을 인지하는 관점부터 달라져야 했다. 고발 운동에 동참하든, 지지하고 연대하든, 혹은 침묵하며 지켜보든 많은 갈등과 선택이 놓여 있다. 피해 고발자들을 어떤 형태로 지지해야 할지, 우리 자신이 지지하는 목소리를 낼 자격이 있는지, 앞으로 우리가 어떻게 살아가야 할지 숱한 갈등과 고민이 커다란 장벽으로 놓여 있고 이 장벽은 앞으로 계속해서 나타나리라는 것을 예감하고 있다.

준비팀은 연대체로서 성폭력 고발자들 중 범죄에 해당되는 피해를 입은 생존자의 법적 투쟁에 우선 연대해야겠다고 선택했다. 가장 시급한 문제로 판단했기 때문이다. 〈참고문헌 없음〉을 지지하며 이름을 보태는 것과 후원자가 되는 것까지 모든 과정에 선택이 요구되었다. 선택한다는 것은 책임지는 단계로 나아가는 것이다. 갈등 없이 프로젝트가 마무리될 수 있었다면 이상적이었겠지만, 현실에 무결한 곳은 없으며 우리 개개인도 마찬가지다. 우리가 속한 곳을 변화시키고 더 나은 미래로 나아갈 힘과 지혜를 어떻게 얻는지가 가장 중요하다.

트위터 공론장에는 누구에게나 발언권이 주어진다는 장점이 있었던 반면, 치명적인 약점도 있었다. 반복적으로 발언하며 발화를 독점하는 사람들이 부각되는 반면, 목소리를 내지 않는 사람들의 의견은 유령처럼 지워지고 말았다. 입장문과 사과문이 빠르게 오가는 공론장 특유의 속도 때문에 침착함과 신중함이 배제되는 경우도 있으며 섬세한 논의가 어려워지는 경우도 발생했다. 가장 중요한 목적을 망각할 위험도 컸다. 성폭력 없는 환경을 만들어 나가야 한다는 모두의 목적이 희미해지도록 모두가 방치한 셈이 되었다.

이 프로젝트의 지지자들 중 일부는 자발적 연대의 주체가 아니라 소비자에 가까운 입장을 취했다. 프로젝트에 스스로 참여한 책임을 공동으로 지지 않고 컴플레인을 걸고 공론장에서의 사이버불링에 가담했다. 준비팀을 향한 거짓 정보가 유포되었을 때, 그것을 유포한 사람에게 책임을 묻지 않았다. 사실 여부는 확인할 필요가 전혀 없는 것처럼 취급되었다. 준비팀이 정보가 거짓이라는 것을 증명하는 과정을 많은 이들은 배심원의 태도로 주시했다. 폭력, 무책임, 은폐, 권력, 위계 같은 폭력적인 명사들을 선점하여 공격했을 뿐, 공격의 근거는 전혀 제시되지 않았다.

〈참고문헌 없음〉 준비팀은 피해 고발자들의 용기와 침착함을 가까이에서 목격하며 큰 힘을 얻었다. 또한 법적 해결만이 중요한 것은 아니지만, 법적 투쟁을 통한 승리의 체험이 피해자에게 중요한 치유 과정임을 배울 수 있었다. 피해자 스스로 자신의 피해 사실을 구조적·사회적 문제로 인식하여 해결해 나가려는 과정을 밟고 그 과정에 사람들이 연대자로 동참할 때, 그것은 과거는 물론 현재를 바꾸는 싸움이자 미래를 바꾸는 싸움으로 발전한다. 그 싸움으로 만들어진 판례가 다른 싸움을 위한 희망의 근거가 될 수 있기 때문이다.

준비팀은 이 프로젝트를 진행하면서 성폭력 피해를 경험해보지 않은 여성은 드물다는 사실을 다시금 깨닫게 됐다. 피해의 차이, 상처의 차이, 용기의 차이는 있으나 이 땅의 모든 여성은 직

간접적으로 성폭력 피해를 입은 적이 있다. 같은 여성이라는 연대감, 같은 여성이라는 책임감. 이 동질감이 최초의 것이면서 동시에 최종의 것이 되기를 우리는 바란다. 이 동질감이 모든 폭력과 차별을 분별하는 예민한 눈금으로 작용할 수 있는 힘이라 여긴다.[21]

2018년 2월 최영미 시인의 용기 있는 고발에 뜨거운 관심이 모였다. 일부 문인들의 반격 — 신중한 어법으로 우려를 표방한 것까지를 포함하여 — 또한 이어졌다. 이 반격이 드러내는 것은 무엇일까. 성폭력을 일부 문인의 약점이나 실수로 개인화하고 문인에 대한 사회의 관대함을 요구하는 이 입장들은 무엇을 지키고 싶은 것일까. 가해자의 문학적 업적을 존중해주어야 한다는 입장과 문단 전체를 매도해서는 안 된다는 입장은 과연 옳은가.

용서를 말하는 이면에는 용인을 자처하는 태만이 깔려 있다. 피해자의 목소리가 아닌 가해자의 업적과 문단의 안위를 앞세우는 남성 연대의 굳건한 의리는 약자를 억압하는 부정의와 지금 동일선상에 있다. 결국 여성의 목소리와 여성의 성적 자기 결정권과 여성의 시민권을 배제하고 박탈하겠다는 의지가 배후에 도사리고 있는 셈이다. 이렇듯 성폭력 고발은 성폭력 가해자만을

---

21) 준비팀이 《참고문헌 없음》에 적어 둔 '후기'를 이 글의 맥락에 맞게 일부 수정하여 인용했다.

드러내는 운동이 아니다. 가해를 용인해 온 강간 문화와 강간 문화가 어떻게 지속될 수 있었는지가 함께 드러난다.

〈참고문헌 없음〉 프로젝트를 성공과 실패의 이분법적 관점으로 해석할 수는 없다고 생각한다. 성폭력 고발은 은폐되어 온 강간 문화를 드러냈고, 이 증언들은 단행본으로 기록되었다. 이 과정에서 뜨거운 연대를 함께 체험했다. 〈참고문헌 없음〉 프로젝트 진행 과정에서 빚어진 논란은 성폭력 반대 운동의 여러 한계를 여실히 드러냈다.

2016년 10월 시작된 문단 내 성폭력 해시태그 운동이 미투 운동으로 다시 이어지고 있다. 정의를 추구하는 데에서 가장 급진적이며, 세계를 사유하는 방식이 가장 첨예하다 여겨져 왔던 문학은 단지 권위를 유지하기 위한 태도이거나 위선에 불과한 것은 아니었는가 하는 의심이 공통의 감각이 되었다. 가부장제 문단이 문학을 독식해 왔다는 자각만큼은 이제 퇴행하지 않을 것이다. 문단의 권위 해체, 부당한 관행 청산, 등단 제도의 다양화, 고교 및 대학의 문예창작과 환경 개선을 위한 창구, 현실과 유리된 문학주의에 대한 반성 등이 우리에게 숙제로 남아 있다. 이제는 여성을 포함하여 그 어떤 약자도 배제하지 않는 첨예하고 공정한 원칙으로 문학을 둘러싼 시스템이 재구성될 때다.

소수자는 피해자인가
: 커밍아웃, 아웃팅, 커버링

한채윤 | 1997년 PC통신 하이텔 내의 동성애자 인권 운동 모임인 '또하나의사랑'의 대표시삽을 맡으면서 성적 소수자 인권 운동을 시작했다. 잡지 〈BUDDY〉의 편집장과 '한국성적소수자문화인권센터' 대표를 지냈고, 현재는 '퀴어문화축제 조직위원회'의 퍼레이드 기획단장과 '비온뒤무지개재단'의 상임이사로 일하고 있다. 저서로 《한채윤의 섹스 말하기》가 있고 공저로 《남성성과 젠더》, 《페미니스트 모먼트》 등이 있다.

들어가며

　몇 년 전, 모 지역 여성 단체에 강의를 갔을 때였다. 일찍 도착한 탓에 강의 시작 전에 단체의 활동가들과 이런저런 이야기를 나누게 되었다. 그러던 중 50대 활동가 한 분이 지난밤에 남편과 나눈 대화를 전해주었다. 그녀는 단체에서 진행하는 강의에 대해 이야기하다가 내일 올 강사가 레즈비언이라고 말해주었단다. 남편은 그 말에 깜짝 놀라며 안타까워했다고 한다. 레즈비언은 남자랑 제대로 섹스를 못 해봐서 그런 거 아니냐며 "나를 한 번만 만났어도 레즈비언이 되지 않았을 수도 있었을 텐데, 당신만 허락해주면 내일 강의 때 내가 갈게."라고 했다며 나중에 올지도 모른다고 말했다. 분명 웃자고 한 이야기였다. 어떤 여자도 금방 '넘어오게 할 수 있다'는 남성의 허세는 분명 웃음거리다. 나는 황당했지만 처음엔 같이 웃었다. 진심으로 어이가 없었기에 짐짓 호기롭고 여유 있는 모습을 보이고자 했다.

하지만 웃음기가 사라진 뒤부터 나는 그 남자가 정말 올지 신경이 쓰였다. 그 사람이 나에게 어떤 짓을 할까 봐 두려운 건 아니었다. 그럴 틈도 없을 테니까. 하지만 그가 강의실에 앉아 있으면 나를 명백히 '남성의 손길이 필요한 여성'으로 볼 텐데, 그 시선을 강사로서 어떻게 견디고 다루어야 할지 알 수 없는 내적 갈등이 있었다. 다행히 그 사람은 오지 않았다. 집으로 돌아오는 고속버스 안에서 나는 모든 상황을 계속 곱씹었다. 나에겐 성폭력을 암시하는 말일 수밖에 없는데, 왜 그들에겐 재밌고 웃긴 이야기였을까. 나는 왜 그 자리에서 따라 웃기만 했을까. 내가 왜 그 자리에서 화를 내지 못했는지를 오랫동안 생각해야만 했다.

당당히 '커밍아웃'을 했다 해도 그 의미가 늘 나의 의도대로 사람들에게 전달되는 것은 아니다. 나는 나의 '삶'을 밝혔다고 생각하지만 사람들은 곧잘 '성 경험' 이력을 밝히는 것 정도로 접수한다. 때론 동성애자를 향한 폭력이 오히려 '올바른 인간'이 되도록 교정하는 뜻깊은 행위로 포장되는 현실도 목격하게 된다. 또한 그 순간에 화를 내는 대신 '예민한' 동성애자로 보이지 않기 위한 자기 검열이 먼저 작동하기도 한다.

이 글은 동성애자가 살아가면서 겪는 이런 모순적 상황을 찬찬히 분석해보려는 시도다. 커밍아웃(coming out)을 개인의 용감한 결단으로 만들수록 우리는 사회를 변화시킬 기회를 놓치게 된다. 준비되지 않은 상태에서 동성애자임이 폭로되는 '아웃팅(outing)'은 분명 두려운 일이지만 이런 아웃팅을 방지하려고 애쓸수록 우리는 더 위험해진다. 동성애자라고 너무 유난 떨지만 않는다면 인권을 존중하겠다는 약속을 하는 커버링(covering)은 교묘하게 동성애자를 사회에 적합한 인간으로 길들인다. 이런 모순에 빠지지 않으려면 우리는 어떻게 해야 할 것인가? 소수자는 피해자인가? 소수자는 사회의 보호를 받으면서 살아야 하는 존재인가? 소수자는 어떻게 세상에 맞서는가?

커밍아웃과 아웃팅의 역사

커밍아웃과 아웃팅은 미국에서 어떻게 등장했는가

커밍아웃은 애초에는 젊은 여성이 사교계에 데뷔하는 순간을 가리키는 용어였다. 어린 소녀로만 취급받다가 드디어 사람들 앞에 화려한 옷을 입고 정식으로 파티에 참석한다는 의미의 커밍아웃은, 20세기 초 미국의 동성애자 커뮤니티에서 '동성애자가 다른 동성애자들의 모임에 등장해 자신을 처음 드러내는 순간'을 뜻하는 은어로 쓰이기 시작했다.[1]

1950년대에 거의 최초로 동성애자에 관해 편견 없는 연구를 펼쳤던 에블린 후커(Evelyn Hooker) 박사는 커밍아웃을 하는 공

---

1) Geoffrey W. Bateman, and Claude J. Summers, "'Coming out', glbtq: An Encyclopedia of Gay, Lesbian, Bisexual, Transgender, and Queer Culture", 2012, http://www.glbtqarchive.com/ssh/coming_out_ssh_S.pdf. 번역을 해주신 아진A_JIN 님에게 감사의 마음을 여기에 남긴다.

간으로서 게이바의 역할과 의미에 주목했다. 동성애자들은 처음 게이바[2]에서 '나와 같은 사람들'을 만나면서 동질감과 안정감을 느끼고 마침내 자신을 수용하게 된다. 그 순간을 커밍아웃이라고 불렀다.

흔히 우리가 알고 있는 '벽장에서 나오다(coming out of the closet)'라는 의미의 커밍아웃은 1970년대 이후에 등장했다. 1969년 6월 28일 새벽, 뉴욕 그리니치 빌리지의 작은 술집인 스톤월(Stonewall)에서 시작된 폭동이 역사적 변화를 가져온 계기가 되었다. 당시 뉴욕의 경찰들은 거의 관례처럼 주기적으로 게이바를 급습해서 손님들 중에 몇몇은 본보기로 잡아가고 업주에게는 돈을 뜯어내곤 했다. 이전까지 경찰의 폭언과 폭력에 늘 무기력하게 당하기만 하던 게이, 레즈비언, 바이섹슈얼, 크로스드레서, 트랜스젠더들이 그날만큼은 참지 않았다. 경찰의 거친 손길을 뿌리쳤고 욕설로 맞받아쳤고 모욕을 중단하라고 요구했다. 머리핀과 립스틱, 구두를 던지던 약자들의 저항은 곧 진압을 나온 전투 경찰에 맞서는 유혈 투쟁으로 커졌다.

이런 싸움은 몇 주간 지속되다가 결국은 끝이 났고, 경찰들은 그 후에도 게이바를 급습하곤 했다. 하지만 그날의 경험은 성적 소수자 인권 운동을 결코 그 이전으로는 되돌아갈 수 없도록 바

---

2) 한국에서 게이바는 오로지 남성 동성애자들이 출입하는 술집 등의 업소를 의미한다. 하지만 당시 미국에서 게이바는 동성애자, 양성애자, 트랜스젠더 들이 모두 함께 어울리는 공간이었다.

꾸어놓았다. 동성애자(gay)라는 단어가 들어간 인권 운동 단체가 결성되었고, 잡지도 발간되었다.(그 이전의 단체와 잡지들은 직접적으로 동성애라는 단어를 쓰지 않았다.) 그리고 1970년 6월 28일에 스톤월 항쟁 1주년을 기념하며 역사상 최초의 '프라이드 퍼레이드'가 열렸다. 뉴욕 시내의 거리 한복판에서 자신이 동성애자임을, 양성애자임을, 트랜스젠더임을 그대로 드러내고 사회에 동등한 권리를 요구하는 현수막과 피켓을 들고 행진한 것이다.

이때 벽장 밖으로 나오라는 외침은, 거리로 나와서 "우리가 여기에 있다."고 외치고 우리가 존재하고 있음을 보여주자는 의미였다. 더는 억압과 차별에 주눅 들어 이성애자인 척 위장하고 살아가지 말자, 사회에 평등과 자유를 요구하자, 자기 혐오에 빠지지 말고 스스로 자긍심을 갖자는 운동이 등장한 것이다.

이제 커밍아웃은 나와 같은 사람들 앞에 등장하는 것만이 아닌, 나와 다른 사람들에게 내가 누구인지를 밝히는 의미로 확장되었다. 한발 더 나아가 1987년에 미국 최대의 동성애자 인권 단체인 '휴먼라이츠캠페인(Human Rights Campaign)'은 10월 11일을 동성애자, 양성애자, 트랜스젠더 들을 위한 커밍아웃의 날로 정했다. 더 많은 사람들이 커밍아웃을 하고, 커밍아웃을 지지하는 분위기를 독려하기 위해서였다. 커밍아웃은 세상을 바꾸는 '힘' 있는 도구로 인식되었다.

한편, 1980년대에 에이즈 위기가 닥쳤다. 수많은 사람들이 죽어 가는데도 사회적 보호망은 동성애자들을 위해 움직이지 않았다. 동성애자들은 편견과 죽음의 벽을 어떻게든 깨부수고 넘어서야 했다. 그래서 1990년대 동성애자 인권 활동가들은 자신의 성 정체성을 숨기고 지내는 유명 인사들, 특히 동성애 혐오 발언을 하거나 반(反)동성애 정책을 지지하는 이들을 강제로 '아웃팅' 시키는 전략을 세웠다. 벽장 안에서 부와 명예를 쥔 채 기득권을 누리는 유명인들을 밖으로 끌어내는 것은 위선을 폭로하는 일일 뿐 아니라, '우리는 어디에나 있다'는 커밍아웃의 메시지를 강화하는 일이었다. 물론 이런 '아웃팅' 운동은 공익을 위한다는 평계로 개인의 프라이버시를 함부로 침해해도 되는가, 권력자의 위선도 과연 보호의 대상인가라는 격렬한 논쟁을 낳았다.

1990년대 한국, '데뷔'에서 '커밍아웃'으로 바뀌다

미국의 커밍아웃과 아웃팅이 어떻게 등장하고 변화했는지를 앞서 살폈다. 그럼 한국의 흐름은 어떠했을까?

한국에도 동성애자와 트랜스젠더들이 모이는 술집, 다방, 극장 같은 공간들이 적어도 1950년대부터 있었다.[3] 하지만 당시엔 자신의 존재를 '자긍심'으로 해석하긴 힘들었다. '보갈'이나 '더덕'처럼 스스로를 비하하는 자조적인 말을 은어로 썼다. 레즈비언 커뮤니티에는 '바지씨'와 '치마씨' 같은 은어가 있었다.[4] 사회

---

3) 〈BUDDY〉 3호에 실린 이희일의 기획 연재 '게이바의 역사'를 참조할 수 있다. 이 연재는 극장, 사우나, 찜질방, 공원, 터미널, 남산 등의 공간을 중심으로 하여 게이바의 역사를 정리했다.

는 동성애자와 트랜스젠더의 존재를 모르지는 않았지만 진지하게 관심을 갖지는 않았다. 비정상적인 일탈자로 가끔 흥밋거리 삼아 신문이나 잡지에서 다루는 정도였다.

그러다 1987년에 한국 사회는 민주화를 성취하면서 큰 전환기를 맞이하게 된다. 즉, 독재 정권 타도 외에도 다양한 이슈를 사회적 의제로 다룰 수 있게 된 것이다. 1990년대에 접어들어 페미니즘, 성 정치, 동성애자 해방 운동, 퀴어 정치학은 새로운 사회를 예고하는 이론이자 실천으로 각광받았다. PC 통신과 153 전화 사서함 서비스 개발과 같은 기술적 변화와 영 페미니스트(Young Feminist)의 등장, 동성애자 인권 운동 단체의 결성과 같은 운동 주체의 다각화 등은 성적소수자 커뮤니티를 이전에는 감히 상상하지 못했던 방향으로 끌어갔다.

미국에서 스톤월 항쟁이 기점이 되어 1970년대 이후 커밍아웃의 의미가 달라졌다면, 한국에서는 1990년대가 그런 순간이었다. 커밍아웃이란 단어가 소개되고 본격적으로 쓰이기 시작했다. 그 이전에 성적소수자 커뮤니티에는 '데뷔'라는 은어가 있었다. 주로 남성 동성애자 커뮤니티에서 쓰였는데 "너는 언제 데뷔

---

4) 바지씨와 치마씨는 일반적으로 남자와 여자를 뜻하는 단어로 쓰였다. 1960년대에는 청소년과 대학생들 사이에서 남자 애인과 여자 애인을 뜻하는 말로 쓰이다가 1970년대에 들어와 사라지게 된다. 하지만 일부에서는 그 의미를 가져다가 은어로 계속 사용하였다. 그 대표적인 사례가 레즈비언 커뮤니티다. 2000년에 나온 청소년 은어 목록집에 '치마씨'가 여자 애인을 뜻하는 말로 조사된 것을 보면 청소년 커뮤니티 내에서도 이어져 온 듯하다.

했니?"라고 물으면, 몇 년도에 어떤 경로로 동성애자들이 모이는 술집, 극장, 공원이 있는지 알게 되었는지 각자의 사연을 털어놓았다. '데뷔'는 동성애자로서 자신을 비로소 인정하고 같은 동성애자를 만나기 위해 첫 발을 내디딘 순간을 뜻했다.

하지만 인권 운동 단체와 PC 통신을 중심으로 한 성적소수자 커뮤니티가 등장하면서 상황이 달라졌다. 술집이 아닌 인권 운동 단체의 사무실, PC 통신의 게시판, 대학 캠퍼스 등 새로운 경로로 자신의 성적 지향과 성별 정체성을 받아들인 이들에겐 '데뷔'란 단어는 낯설고 어울리지 않았다. "우리가 연예인이냐, 데뷔를 하게?" 같은 말이 돌았고, '데뷔'가 있다는 것은 곧 '은퇴'도 있음을 뜻하므로 일생 동안 유지되는 정체성과 자긍심을 담아내기에 부족하다는 지적도 나왔다. '데뷔'는 점차 사어(死語)가 되었다. '데뷔'란 말을 쓰면 인권 의식이 부족한 사람으로 몰리는 경우도 생길 정도였다.

하지만 '데뷔'가 커밍아웃에 비해 '벽장'을 강화했다고만 볼 수는 없다. 동성애자, 양성애자, 트랜스젠더 들에게 정신 이상자, 성 중독자, 성도착자 같은 식으로 불명예의 낙인(stigma)을 인정사정없이 찍어버리는 사회에서 낙인을 자기 몸에서 지우려 하는 대신 낙인이 찍힌 존재로서 다른 누군가를 만났다는 의미이기도 하기 때문이다. 그것은 시간과 장소에 따라, 누구와 함께 있는가에 따라 낙인을 다른 방식으로 다룰 수도 있다는 경험이 쌓이는 과정이었다. 낙인이 나 혼자만의 것이 아님을 아는 것,

그리고 낙인을 지웠다가 드러냈다가를 반복하면서 낙인 자체에 대한 의외의 자신감을 조금씩 얻게 되었다.

결국 국가 폭력, 성폭력, 차별 해소가 주요한 사회 의제로 떠오른 1990년대가 되어 성적소수자들도 '모두를 위한 자유와 평등'이란 꿈을 품게 되었다. 다른 사람에게 내가 누구인지를 밝히는 '커밍아웃'을 하고 나도 인간으로서 동등한 권리와 사회 안에서 존중받는 삶을 누리겠다는 꿈이었다. 커밍아웃은 주눅 들었던 동성애자가 깜깜한 벽장문을 용감하게 열고 나와, 바깥의 환한 햇살을 받으며 솔직함과 당당함의 행복을 누리는 장면으로 그려졌다. 커뮤니티 내에서는 가족이나 친구에게 커밍아웃을 잘하는 비법들을 공유하고, 커밍아웃을 하면 축하해주고, 커밍아웃 후 힘든 일이 생기면 위로하고 도움을 주려는 문화가 생겨났다.

그리고 새로운 천년을 맞이하는 2000년 9월에 유명 연예인의 커밍아웃이 세상을 떠들썩하게 했다. 대한민국 국민들이 동성애자, 커밍아웃, 아웃팅이라는 단어를 한꺼번에 알게 된 대형 사건이었다.

커밍아웃의 반대말이 되어버린 아웃팅

앞서 말했듯 미국에서 '아웃팅(outing)'은 자신이 동성애자인데도 동성애자 인권 향상을 위해 노력하기는커녕, 오히려 억압에 앞장서는 정치인이나 유명인들의 위선을 폭로하기 위해 시작되었다. 그러나 한국에서 아웃팅은 오히려 반대의 상황에서 시작되었다.

일이 꼬이게 된 복잡한 경과를 정리해보자. 2000년 9월 17일 자 〈일간스포츠〉에 아무도 예상하지 못했던 홍석천의 커밍아웃 기사가 단독 보도되었다. 그 당시 홍석천은 올림픽 응원을 위해 시드니에 있었다. 기자들은 동성애자 인권 활동가들에게 전화를 걸어 사실 여부를 확인하고자 했고, 활동가들은 본인의 의사가 확인되지 않은 상태라 일단 '모르는 일'이라고 입을 다물었다. 인터넷 동성애자 모임 게시판에 올라온 홍석천과 관련된 글도 삭제하며 기자들이 눈치채지 못하도록 대비했다.

기사가 나간 지 닷새 만에 홍석천은 MBC 프로그램 〈뽀뽀뽀〉로부터 출연 정지를 통보받았고 잇따라 거의 모든 방송 출연 계약이 취소되었다. 열흘 후인 9월 27일, 홍석천은 동성애자임을 스스로 밝히는 인터뷰를 하는 비디오를 직접 제작해 방송국에 보내는 방식으로 공식 커밍아웃을 했다. 인권 단체들은 즉각 '홍석천의 커밍아웃을 지지하는 사람들의 모임'이란 조직을 만들어서 방송 출연 취소 등의 차별 행위에 공동 대응을 했다. 기자 회견을 열고, 전국적으로 지지 서명을 받고, 방송에 복귀할 수 있도록 여론을 만들었다.

한편 인권 단체들은 〈일간스포츠〉의 보도 태도도 문제 삼았다. 당사자가 준비할 틈 없이 터뜨려버려 무방비 상태로 출연 정지를 당하게 했다는 점에서 문제라고 지적했다. 무책임하게 폭로하는 언론의 태도를 지적하기 위해 당시 동성애자 인권 활동가들은 '아웃팅'이란 단어를 사용했다. 1990년대까지 거의 쓰이지 않던 '아웃팅'이란 단어는 이 사건 이후 커밍아웃만큼 사회적으로 유명한 용어가 되었다.

하지만 〈일간스포츠〉를 비판하기 위해서 이 사건을 '아웃팅' 사건으로 명명하는 것은 과연 적절한 운동 전략이었을까. 〈일간스포츠〉의 기사는 홍석천이 9월 초에 어느 월간지와의 인터뷰에서 스스로 동성애자임을 밝혔다는 것을 소개하는 내용이었다. 기사 자체는 커밍아웃을 지지하는 내용이었다. 사실 홍석천은 이미 커밍아웃을 결심했었다. 8월에 출연했던 어느 토크쇼에서 "남자를 좋아한다."고 말했지만 PD가 그 부분을 편집해서 방송에 나가지 않았고, 그 정보를 입수한 월간지 기자가 인터뷰 요청을 하자 제대로 커밍아웃을 할 기회로 생각하고 응했던 것이다.[5]

이런 점에서 '아웃팅'을 당했다고 정리하는 것은 대사회적 커밍아웃을 한 그의 결단을 자칫 빛바래게 할 수 있다. 아웃팅의 대표적 사례로 〈일간스포츠〉를 언급하는 일이 반복되면서 실제로 홍석천이 갑자기 사생활을 폭로당하는 피해를 입고, 어쩔 수 없이 울면서 커밍아웃을 했다고 기억하는 사람들도 많다. 이런 서사를 거쳐 한국의 아웃팅의 역사가 미국과 완전히 다르게 형

---

5) 2000년 11월에 발간된 〈BUDDY〉 통권 18호 "홍석천의 커밍아웃 뒤집기" 특집 기사에 자세히 소개되어 있다.

성되었다. 즉, 아웃팅은 커밍아웃의 반대말이 되었다.

커밍아웃을 감당할 준비는 되었는가

동성애자는 왜 커밍아웃을 하는가

커밍아웃은 '고백'과 동의어가 아니다. 한국에서 커밍아웃이란 단어가 유명해지면서 여기저기 아무렇게나 쓰이기 시작했다. 심지어 사람들은 숨겨 왔던 범죄 사실을 털어놓거나 속였던 과거 이력을 고백하는 일에도 커밍아웃이라는 단어를 썼다. 언어의 속성상 어떤 말을 누가 어떻게 쓸지 단속할 수는 없다. 하지만 적어도 언론이나 전문가의 글쓰기와 말하기에서는 커밍아웃을 자백이나 폭로와 동의어로 써서는 안 된다. 커밍아웃은 단순히 개인의 사생활과 은밀한 비밀을 밝힌다는 의미가 아니다. 커밍아웃은 우리가 사는 사회가 어떻게 일그러져 있는지 그 숨겨진 구조를 밝히는 단어다.

생각해보자. 왜 동성애자는 커밍아웃을 할까. 혹은 왜 커밍아웃을 해야만 하는 걸까. 어찌하여 이성애자는 커밍아웃을 하는 것이 불가능할까. 크게 심호흡을 한 뒤 자신이 이성애자라고 친구나 가족에게 조심스레 고백하듯이 말한다고 해서 그 말에 깜짝 놀라는 이는 없다. 하다못해 용기를 내어 말해줘서 고맙다는 말이나 역겹다는 식의 욕설을 듣는 일도 없다. 이에 비해 동성애자라고 말하는 일이 조용히 넘어가는 법은 거의 없다.

사실 동성애자가 커밍아웃을 하는 이유는 단순하다. 동성애자라고 굳이 말해야만 비로소 이성애자가 아니라는 것을 알기 때문이다. 내가 동성애자인 것을 모르면 사람들은 당연하다는 듯이 나를 계속 이성애자로 대할 것이고, 나는 내가 아닌 채로 살든지, 내가 아닌 척을 하든지, 내가 나를 속이면서 살아야 한다. 그러므로 커밍아웃을 하는 것보다 커밍아웃을 하지 않고 사는 것이 사실은 훨씬 더 힘든 일이다.

따라서 질문은 동성애자들은 왜 굳이 커밍아웃을 하려고 하는지가 아니라 커밍아웃을 못하고 있는지로 우리 사회에 던져져야 한다. 어찌하여 솔직하게 사는 것보다 자신을 속이며 사는 것이 더 현명한 태도인 양 권장하는 것인지 물어야 한다. 동성애자도 분명 존재하는데 왜 아무도 그동안 미리 알려주지 않았느냐고 추궁해야 한다.

동성애자는 비밀을 품은 사람이 아니라 비밀을 눈치챈 사람이다. 진짜 비밀은 우리 사회가 애초에 이성애자만으로 채워져 있지 않다는 사실이며 훨씬 더 다양한 사람이 있다는 현실이다. 하지만 비밀을 아는 것은 금지되어 있다. 이런 까닭에 커밍아웃은 필연적으로 사람들의 믿음과 상식과 기대, 그리고 환상을 깨는 일이다. 그래서 누군가 커밍아웃을 하면, 특히 가족이나 친구처럼 가까운 사람이 커밍아웃을 할수록 큰 충격을 받는다. 충격은 화를 내거나 때리거나 무시하거나 때론 못 들은 척하는 것까지 다양한 반응으로 이어진다. 하지만 충격을 자신의 고정관념이나 편견이 깨지는 고통으로 받아들이는 이들에겐 커밍아웃이 감동과 교훈의 순간이 된다. 결국 같은 커밍아웃이라도 그 커밍아웃을 받아들이는 사람의 태도에 따라 결과가 달라지는 것이다.

벽장 속에 누가 살고 있는가

커밍아웃의 원래 의미가 '벽장에서 나오다'임을 상기해보자. 우리는 '나온다'는 행위뿐만 아니라 문장에서 생략된 '벽장'에도 주목해야 한다. 2007년에 한국성적소수자문화인권센터에서는 커밍아웃한 일본의 정치인 오츠지 카나코와 그녀의 어머니를 초청해서 토론회를 연 적이 있다. 이날 카나코의 어머니 오츠지 다카코는 이렇게 말했다. "자녀는 커밍아웃을 하고 벽장 밖으로 나오지만 부모들은 그때 벽장 속으로 들어갑니다. 이제 혹시 자기가 동성애자 아이를 둔 엄마란 사실을 다른 사람들이 알까 봐 두려워하게 되죠."

이것이 진실이다. 벽장은 동성애자 전용으로 맞춤 제작되어 있지 않다. 자녀가 동성애자임을 알게 되면 동성애자 부모용 벽장이 새롭게 만들어지는 것도 아니다. 우리는 이미 모두 벽장 속에 있다. 우리 사회, 세상 자체가 바로 하나의 거대한 벽장이다. 자녀가 커밍아웃을 하자 부모가 벽장에 들어간다는 것은 바로 이런 의미다. 비밀을 깨닫는 자들만이 벽장을 인식하게 된다.

그러하기에 동성애자들이 커밍아웃을 했을 때 가장 많이 듣는 말, 그리고 벽장에 갇힐 위기를 느낀 부모들이 제일 먼저 건네는 말이 "이성애자가 되는 방법은 없니?" 같은 '전환(轉換)' 요구다. 의료적 관점에서는 정신과 치료, 심리 상담, 물리적 수술이 동원된다. 종교적으로는 영혼의 감화나 회개를 도모하고, 이도저도 안 될 때는 사회적 범죄로 다룬다. 이미 동성애자로 살아왔음에도, "나는 이성애자입니다."라고 말만 바꾸면 치유되고 죄 사함을 받아 '갱생'의 삶을 얻는다. 생각해보면 얼마나 이상한 일인가.

동성애자가 우리 주변에 평범한 이웃으로, 가족으로, 친구와 동료로 존재한다는 것, 이 세상은 이성애자로만 이루어져 있지 않다는 것은 일급 비밀이다. 존재하지도 않는 동질감으로 사회 공동의 규범과 성 역할을 만들어놓았기에 비밀은 늘 위태위태하다. 즉, 커밍아웃은 벽장에서 나와 내 존재를 드러내는 것이 아니라 우리가 실제로 어떤 사회에서 살고 있는지를 드러내는 것이다. 벽장을 열고 나와도 우리는 여전히 벽장 속에 있다. 다시 말해 이성애자든 동성애자든 같은 벽장 속에서 살고 있다. 그런데도 이성애자는 동성애자를 자신의 세상 밖에 사는 존재로 상상하며 세상을 자신만의 것으로 지켰다. 동성애자는 상상의 세계로 쫓겨나지 않기 위해 현실에서 오히려 투명 인간이 되어야 했다.

투명 인간이 자신의 형체를 드러낼 때 필요한 건 목격자다. 목격자는 커밍아웃에 화답을 해야 한다. 커밍아웃과 화답이 이어지고 쌓이면서 벽장의 구조적 허점이 더 선명하게 드러나게 된다.

이런 과정을 가장 잘 보여주는 곳이 바로 '성적소수자 부모모임'이다. 자녀들의 커밍아웃 이후 벽장을 경험한 부모들도 비밀을 눈치채게 되었다. 처음엔 충격을 받아 괴로워하고 분노하고 슬퍼하지만 조금씩 벽장의 의미를 깨닫게 된다. 성적소수자 자녀를 둔 부모라는 이유만으로 벽장에 갇히는 것을 억울해하다가 마침내 벽장의 의미를 깨달은 부모들은 세상을 바라보는 눈이 달라진다. 부모들은 자녀가 불쌍해서 돕는 것이 아니라 자신 역시 더 좋은 세상을 만들기 위해 애써야 하는 '당사자'임을 깨닫게 되었다고 말한다.

커밍아웃에 필요한 건 용기가 아니다

커밍아웃을 하는 데 용기가 필요한 것은 사실이다. 하지만 그 용기는 반드시 대중 앞에 나설 용기만을 의미하지는 않는다. 커밍아웃은 먼저 자기 자신에게 "괜찮아. 나는 동성애자이고, 있는 그대로의 나로 살아도 돼."라고 말하는 것이다. 그런 다음 동성애자 커뮤니티로 나와서 공동체를 느끼고 그 안에서 소속감이라는 자산을 얻는다. 이 단계 이후의 커밍아웃은 평생 거듭하게 된다. 주변 사람들에게, 때로는 대사회적으로 불특정 다수에게까지 커밍아웃을 한다. 하지만 한 번으로 끝나지 않는다. 어떤 이는 못 들은 척하고, 어떤 이는 기억을 못 하기도 하며, 또 어떤 사람은 나의 말을 부정하고 존재에 모욕을 가하기도 하기에 계속 반복해야 한다.

커밍아웃은 처음엔 혼자서 시작하지만 반드시 상호 작용을 불러오는 일이다. 하지만 커밍아웃을 '대박 사건'으로 다루려는 이들은 자꾸 관람자의 자세를 취하려 한다. 강의를 다니면서 자주 듣는 질문 중에는 "왜 레즈비언들은 커밍아웃을 하지 않느냐?"도 있다. 한번은 하도 답답해서 "제가 지금 커밍아웃하고 강의하는 건 안 보이세요?"라고 되물은 적도 있다. 이렇게 질문하는 사람들이 영화배우나 탤런트 같은 유명한 여자 연예인의 커밍아웃을 은근히 기대하고 있음을 알고 있다. 그래서 나는 다시 묻는다. 왜 꼭 여성 연예인들이 커밍아웃을 하길 바라냐고. 그녀들이 커밍아웃을 하고 난 뒤에 어떤 말들을 듣게 될지, 어떤 위협을 느끼게 될지, 무엇을 감당하며 살게 될지 생각해보았냐고.

한국에서 많은 여성들은 거의 일상적으로 성폭력의 피해를 입을 가능성에 노출되어 있다. 커밍아웃은 여기에 '교정 강간(corrective rape)'의 위협이 더해지는 것을 감당하는 일이기도 하다. 교정 강간이란 '정상인'이 될 수 있도록 고쳐주겠다는 명목으로 행해지는 강간을 말한다. 앞서 글머리에서 밝힌 사례는 '말'로만 끝났지만 그렇지 않은 경우도 있다.

그러므로 한국 사회가 변화하고 인권이 향상되길 바랄수록 성적소수자가 커밍아웃하는 것을 어느 개인의 용감한 결단으로 만들지 않는 것이 중요하다. 커밍아웃을 동성애자의 개인적 성취나 미덕, 의무로 다룰 때 우리는 벽장을 허무는 데 도리어 실패한다.

사람들은 "어제 그거 봤어?" 하며 방송에 나온 동성애자를 쉽게 화제에 올려 대화를 풀어 나가겠지만, 전날 밤 집에서 들은 동생의 커밍아웃에 대해서는 자신의 친구에게조차 쉽게 털어놓지 못한다. 커밍아웃을 하는 건 개별적인 한 사람일지라도 커밍아웃은 개인 단위로 벌어지는 일이 아니기 때문이다. 부모가 얼마나 완고하고 보수적인지, 자신이 사는 지역의 전체 분위기가 어떠한지, 경제적으로 독립이 가능한지 등에 따라 커밍아웃은 영향을 받는다. 동성애자로서 자신이 느끼는 수치심은 없지만 체면을 중요하게 여기는 완고한 부모가 느낄 수치심에 대한 염려 때문에 커밍아웃을 못 하기도 한다. 가족 관계가 기본적인 의식주 해결은 물론이고 학비 보조, 취업 알선까지 강한 영향을 끼치는 한국에서 커밍아웃은 감당해야 할 것이 많다.

모든 것을 잃어버릴 각오를 했다 해도 실제로 가족과 단절되고 대부분의 자원을 잃어버린 후 감당해야만 하는 삶의 무게는 상상보다 훨씬 더 무거운 경우가 많다. 이런 현실을 고려할 때, 우리는 커밍아웃을 두고 성공과 실패로 나누는 식의 평가를 경계해야 한다. 흔히 부모님이 흔쾌히 자녀를 받아주거나 친구들이 아무도 등을 돌리지 않는 행복한 결말을 성공한 커밍아웃으로 부러워한다. 실패한 커밍아웃은 가족과 지인과의 사이가 멀어지거나 직장에서 내쫓기는 것처럼 불행이 찾아오는 것이 된다. 그러나 내가 커밍아웃 후 관계가 어그러진다면 그들이 커밍아웃을 받아들이는 데 실패한 것이지, 나의 커밍아웃이 실패한 것은 아니다. 피해를 말할 수 있는 용기를 사회가 개인에게 요구할 때 우리는 개인이 감당할 몫과 나를 포함하여 사회가 감당할 몫이 따로 있음을 알아야 하고, 동시에 그 각각의 몫의 경계를 구분하는 감각이 필요하다.

커밍아웃 후 집에서 쫓겨나거나 주변의 폭언과 폭력에 시달리거나 해고나 사퇴 권유와 같은 부당한 대우를 받는 것은 개인이 겪는 실패가 아니라 우리 사회가 만들어내는 공동의 실패다. 피해를 입은 이들 곁에 서서 함께 싸워 나갈 이들이 필요한 이유는 바로 이 공동의 실패를 줄이기 위해서이다.

존재 자체를 억압할 때, 존재를 드러내는 것은 가장 강력한 싸움의 기술이다. 커밍아웃의 의미를 이렇게 이해할 때 우리는 아웃팅에 대한 접근도 다르게 해볼 수 있다. 우리 사회는 동성애자라는 존재를 드러내지 말라고 한다. 그런 점에서 커밍아웃과 아웃팅은 그 금기를 어긴다는 공통점이 있다. 그러나 아웃팅을 커밍아웃과 분리하여 방지해야 할 것으로 다루고, 아웃팅을 비도덕적인 것으로 한정하는 시도는 그 공통점을 보지 못하게 한다.

아웃팅의 딜레마, 그 함정에서 빠져나오기

아웃팅 방지 캠페인이 남긴 그늘

2003년, 한국여성성적소수자인권단체 〈끼리끼리〉는 '아웃팅은 범죄입니다'라는 슬로건을 걸고 아웃팅 방지 캠페인을 시작했다. '성적소수자의 인권 향상을 위해 노력하되, 그 전까지 최소한 아웃팅 피해라도 줄여야 한다는 차원에서 기획'되었다. 아웃팅 피해 사례를 모으고 사건 고발, 피해자 지원, 아웃팅 범죄 가중 처벌법 제정 요구를 하며 적극적으로 아웃팅 방지 캠페인을 펼쳤다.

아웃팅은 '성적소수자의 삶의 기반을 무너뜨릴 수 있는 위험'이 크기 때문에 고의든 단순한 실수든 상관없이 '심각한 인권 침해이며 혐오 범죄에 해당'한다고 보았다. 이런 강경한 태도는 우리 사회에 타인의 성 정체성에 대해 함부로 말해서는 안 된다는 메시지를 던지는 데 어느 정도의 성과를 거두었다. 하지만 동시에 많은 문제도 남겼다.

아웃팅 방지 캠페인은 "커밍아웃할 권리와 아웃팅당하지 않을 권리는 성적소수자의 기본권"[6]이라고도 주장했지만 이런 권리란 성립 불가능하고 쟁취 불가능하다. 정확히 말하자면, 커밍아웃을 할 권리가 있는 것이 아니라 동성애자라는 이유만으로 차별받지 않을 권리가 있고, 스스로 밝혔든, 우연히 또는 강제적으로 밝혀졌든 동성애자라는 이유로 괴롭힘이나 부당한 대우를 받지 않을 권리가 있다. 아웃팅당하지 않을 권리 역시 마찬가지다. "내가 커밍아웃을 직접 할 때까지 나를 아웃팅시키면 안 된

---

6) 케이, "커밍아웃과 아웃팅의 의미와 역사", 〈월간 언니네〉 51호 특집, 2004년 7월.

다."는 뜻이 되는데, 앞서 말한 대로 커밍아웃 자체가 평생 반복되는 것이므로 누구에게 커밍아웃을 언제 하고, 누구에게는 안 했는지를 제3자가 외우고 완벽하게 그 범위에 맞추어서 비밀을 함께 보장하기란 쉽지 않다. 타인에게 함부로 남의 사생활에 대해 말하지 않도록 노력해야 하는 것은 인지상정에 속하지만, 말실수 자체를 '범죄'로 처벌한다고 하여 예방되거나 근절될 리는 없다.

커밍아웃이든 아웃팅이든 드러나는 것은 '존재'라는 점을 떠올려보자. 커밍아웃이 우리 존재를 억누르는 벽장의 차별적인 구조를 밝히는 것, 숨겨야만 한다고 강요받는 낙인을 오히려 드러내어 자유를 얻는 전략임을 상기할 때 아웃팅 역시 마찬가지다. 역으로 생각해보면, 커밍아웃을 원하지 않는 세상이라면 아웃팅 역시 원하지 않을 것이다. 나의 주변에, 우리 사회에 동성애자가 흔하게 존재하는 평범한 존재임이 드러나길 원하지 않을 것이다. 아웃팅이 금품 갈취, 성폭력 등의 피해를 입어도 고발할 수 없게 하는 협박의 수단이 되는 것은 바로 이런 사회 분위기에서 벌어진다.

결국 아웃팅을 당하지 않는 최상의 대책은 아예 세상 그 누구에게도 커밍아웃을 하지 않는 것이 된다. 아무도 내가 동성애자인 것을 모른다면 나를 아웃팅시킬 수 있는 사람도 존재할 수 없기 때문이다. 아웃팅으로 인해 발생하는 범죄를 막아야 하는데 '아웃팅은 범죄다'라는 슬로건은 아웃팅 자체를 범죄시하는 결과를 낳았다. 아웃팅을 '당했다'는 말은 곧 피해자가 있는 사건이 발생했다는 뜻이 되었고, 아웃팅을 '시켰다'는 말은 가해자를 지목하는 일이 되었다.

아웃팅에 대한 공포가 높아지면서 부작용이 생겼다. 예를 들어, 자신의 일기를 동생이 우연히 본 사건을 동생에게 아웃팅을 당했다고 표현하는 일 등이 흔해졌다. 이런 일도 있다. 회사에서 부당한 해고를 당해서 노동청에 신고를 했는데 회사에서 경위서를 제출하면서 자신을 게이라고 밝혀놓았다며 회사를 아웃팅으로 고소할 수 있느냐고 인권 단체에 문의하는 것이다. 이 사안에서 오히려 다투어야 할 점은 동성애자라는 이유로 해고가 가능한가이다. 이것이야말로 부당 해고의 결정적 증거이기도 하며, 다른 사유로 해고한 뒤에 동성애자라고 정당화하려 했다면 더 악랄한 차별이 아닐 수 없다. 하지만 '아웃팅은 범죄'라는 공식은 오히려 어떤 피해를 입었는지를 파악하기 어렵게 만든다.

커밍아웃을 통해서든 아웃팅 때문이든 동성애자라는 것이 알려진 후 벌어지는 차별과 폭력은 우리 사회에 만연한 편견과 혐오 때문이다. 아웃팅으로 인한 피해를 어떻게 줄이고 막을 것인가라는 논의에 집중하기 위해서라도 이제 아웃팅 방지의 딜레마에서 빠져나와야 한다.

사생활을 보호해주겠다는 차별

만약 어떤 조직 내에서 동성애자를 색출해 괴롭히거나 처벌

한다면 그것은 심각한 인권 침해다. 이런 색출을 막으려면 어떻게 해야 할까? 아웃팅을 강력하게 금지하면 색출을 막아내고 안전해질 수 있을까? 이 질문의 답을 찾을 수 있는 좋은 사례가 있다.

1993년 미국 대통령 클린턴은 DADT(Don't Ask, Don't Tell) 법안에 서명했다. 일명 '묻지도 말고 답하지도 말라'는 정책이다. 당시 미국은 동성애자의 군 입대와 복무를 허용하지 않았다. 동성애자의 군 복무 금지는 직업 선택의 자유를 박탈하고 군인이 될 자격을 부인하는 명백한 차별이라는 지적과, 동성애자의 군 복무는 국방력을 약화한다는 반론이 팽팽하게 맞섰다. 동성애자의 지지를 얻기 위해 동성애자 군 복무 금지 조항 개정을 공약으로 내세웠던 클린턴은 당선이 된 뒤에 약속을 지켜야 했지만 합참의장을 비롯한 군부의 반대도 의식하지 않을 수 없었다. 이 와중에 나온 기만적인 정책이 바로 군대 내에서는 동성애자인지 먼저 묻지도 말고 답하지도 말라는 것이다. 누가 동성애자인지 알 수 없게 되니, 동성애자가 입대와 군 복무를 거부당할 일도 사라진다는 것이다.

국방부는 동성애자는 군인이 될 자격이 없다는 공식적인 원칙은 유지하면서 동시에 능력이 뛰어난 동성애자 군인은 계속 고용할 수 있다. 더군다나 동성애자에게 강제로 이성애자가 되라고 요구하는 것도 아니므로 부당한 억압을 가하는 것도 아니다. 그런데 국방부가 얻는 이익에 비해 동성애자 군인이 얻은 것은 무엇일까?

 DADT 정책이 도입되고 1993년부터 2003년까지 10년 동안만 해도 7,800명의 성적소수자 군인이 해고되었다. 2010년에는 그 인원이 1만 4천 명에 달했다. 결과적으로 DADT 정책은 동성애자를 보호해주지 않았다. 군인들은 동성애자로서 미디어와 인터뷰를 하거나, 동성에게 보낸 연애 편지가 발견되거나, 파트너와 동성 결혼식을 올렸다는 이유로 파면당했다.[7]

 DADT 정책은 동성애자가 군인이 될 수 있게 했지만 군인이 동성애자일 수는 없게 한다. DADT 정책은 동성애자를 먼저 색출하지 않겠다고 약속하면서 그 대가로 커밍아웃도 금지했다. 이처럼 아웃팅(폭로와 누설)을 막으려 할 때 우리는 오히려 차별을 용인하게 된다. DADT는 동성애자로서 사생활을 누리면서 공적 공간에서는 조금만 주의를 기울여준다면 아무 일도 일어나지 않을 것이라고 약속하는 법이다. 동성애자라는 존재를 사생활 영역에 가두고 공적 공간에서는 이성애자인 척하기를 유지하라는 것, 즉 '패싱(passing)'을 요구하는 차별이다.

 2010년에 오디션 프로그램인 〈슈퍼스타 K〉의 한 출연자가 자신을 동성애자라고 밝혔을 때, 2008년에 종로구 국회의원 후보가 동성애자라고 커밍아웃을 했을 때 "왜 굳이 동성애자인 것을 밝히냐"며 비난하는 목소리가 있었다. 말하지 않으면 모를 사생

---

7) 이 법은 2011년 9월에 공식적으로 폐지되었다.

활을 굳이 공적 공간에서 밝히는 것은 주목을 끌기 위한 비겁한 홍보 전략이라고 비판했다. 최근 몇 년간 전국의 여러 대학 총학생회 선거에서 커밍아웃한 후보들도 같은 공격을 받았다. 사생활과 개인의 성 정체성을 지나치게 공적 영역으로 끌고 들어온다고 비판을 받은 것이다.

하지만 이성애는 어떠한가? 이성애는 사생활일까? 아니다. 이성애자는 결코 이성애 자체를 사생활로 만들 수 없다. 예를 들어, 우리 사회가 대통령의 아내를 영부인이라 부르고 공적 지위를 부여하는 것처럼 말이다. 이런 까닭에 성적소수자의 사생활을 보호해 달라는 운동은 오히려 성적소수자의 인권을 지킬 수 없는 함정에 빠진다. 성 정체성을 '프라이버시'상의 권리로 만들어버리면 동성애자는 오히려 점점 더 커밍아웃을 할 수 없게 된다. 권김현영의 지적대로, "사생활만을 가진 이에게 사생활을 보호해준다는 것은 곧 사생활만을 향유하라는 의미"가 된다.[8]

사생활과 '아웃팅의 윤리'도 복잡하게 얽혀 있다. 앞서 말한 바와 같이 미국에서 아웃팅은 동성애자임을 숨기고 동성애 혐오에 앞장서는 유명인들의 위선을 벗기고 강제로라도 커밍아웃을 하게 하는 전략으로 쓰였다. 그러나 한국에서 아웃팅 논의는 오히려 유명인들이 평소에 어떻게 살아도 결코 동성애자임이 드러

---

8) 이 부분은 다음의 글에서 면밀히 분석되어 있다. 권김현영, "성적 차이는 대표될 수 있는가", 《성의 정치 성의 권리》, 자음과모음, 2012.

나지 않도록 보호해주는 역할을 한다. 아웃팅 '가해'라는 윤리적 부담은 연예인의 사생활을 전문으로 다루는 황색 저널조차도 보도하지 않을 정도다. 그렇다고 동성애자들이 일상생활에서 느끼는 아웃팅 공포가 점차 줄어들고 있는 것도 아니다. 브로맨스 등 동성애 코드는 대중 매체에서 더 자주 다루어지지만 이것이 동성애자의 실제적인 삶의 질이 높아지는 것으로 연결되지 않는 것과 같다. 어쩌면 아웃팅과 커밍아웃에 대한 새로운 논의가 필요할지 모른다. 나는 그 고민을 이제 커버링에 대한 이야기로 연결해보려 한다.

커버링에 응하지 않기

티 내지 말라는 가장 교묘한 억압

점점 더 많은 동성애자들이 커밍아웃을 하고 사회에서 자기 자리를 요구하자 주류 사회는 다시 더 정교한 차별 시스템을 만들어냈다. 미국의 법학자 켄지 요시노(Kenji Yoshino) 교수는 이를 '커버링'이란 개념으로 분석했다. 사회심리학자 어빙 고프먼(Erving Goffman)의 역작인 《스티그마》[9]에서 영감을 얻어 2002년에 논문으로 발표한 후 큰 호응을 얻어 2006년에 단행본으로

---

9) 한국에는 《스티그마 – 장애의 세계와 사회 적응》(윤선길 · 정기현 옮김, 한신대학교출판부)이라는 제목으로 2009년에 번역 출간되었다.

출간했다. 2017년에 한국에도 번역 출간되었다.[10]

켄지 요시노는 사회적 소수자들이 겪는 차별을 크게 전환 (conversion), 패싱(passing)[11], 커버링(covering) 세 단계로 나누었다. 이를 간단히 설명하면 다음과 같다. 첫 번째 단계에서 동성애자들은 이성애자로 '전환하라'는 요구를 받는다. 여기에는 전환을 하게 도와준다는 명목으로 감금, 구타, 약물 투여, 뇌수술 따위의 직접적인 폭력이 동반되기도 한다. 두 번째 단계는 동성애자임을 숨기고 '이성애자인 척하라'는 것이다. 억지로 이성애자가 되라고 억압을 가하지는 않을 테니 이성애자가 아닌 척하지도 말라는 요구다. 이성애자인 척만 한다면 특별히 더 차별하지 않겠다는 새로운 차별인 것이다. 하지만 이 유혹에 넘어가지 않고 동성애자들은 커밍아웃을 하고 사회의 구성원으로서 동등한 권리를 인정해 달라는 목소리를 냈다. 이에 세 번째로 등장한 단계가 바로 동성애자임을 '과시하지 말라'는 커버링이다.[12] 동성애자인 것까지도 괜찮다고 봐줄 수 있다. 하지만 동성애자라는 티를 내고 과시하며 유난을 떤다면 차별을 자초하는 것이

---

10) 켄지 요시노, 《커버링》, 김현경·한빛나 옮김, 민음사, 2017.
11) 전환, 패싱, 커버링은 모두 어빙 고프먼의 책에 있는 개념이다. 2009년에 한국에서 번역된 고프먼의 《스티그마》에서는 패싱을 '위장'으로, 커버링을 '은폐'로 번역했다. 2004년에 번역된 클로디아 카드의 《레즈비언 선택》에서는 패싱을 '행세'로 번역했다. 2008년에 한국의 젠더 연구자들이 모여 출판한 《젠더의 채널을 돌려라》에서는 패싱을 '통과'의 의미로 해석했다. 이렇듯 적합한 통일된 번역어를 만들 수 없어 근래엔 패싱을 다른 단어로 바꾸지 않고 원어 그대로 사용한다.

니 조용히 살아라. 그런다면 아무런 문제도 일어나지 않을 것이라는 요구다.

켄지 요시노는 이 세 단계를 다음과 같이 명쾌하게 설명한다. "전환이 동성애자와 전(前) 동성애자를 구분하고 패싱이 커밍아웃한 동성애자와 그렇지 않은 동성애자를 갈랐다면, 커버링은 '노멀'과 '퀴어'를 가른다."[13]

'퀴어'는 사회가 제시하는 규범에 순순히 따르지 않는 사람들, 서로의 차이를 한쪽의 잘못으로 해석하지 않고 그 차이를 즐기고 존중하자는 태도, 주류에 편승하지 않고 주변부를 향한 시선을 의미한다. 커버링은 바로 그 퀴어들을 길들이려는 시도다. 이를 잘 이해할 수 있는 적절한 예를 2000년대 초반에 있었던 하리수의 인터뷰에서 찾을 수 있다. 어느 인터넷 방송국의 토크쇼 사회자는 하리수에게 "홍석천 씨는 커밍아웃 후 방송국에서 쫓겨났는데 하리수 씨는 오히려 성공하게 된 이유가 무엇인 것 같나요?"라고 질문했다. 이에 하리수는 다음과 같이 답한다.

"홍석천 씨도 열심히 지내 왔지만 갑자기 쫓겨난 것은 맞았던

---

12) 커버링 개념은 어빙 고프먼의 《스티그마》를 함께 읽으면 이해하는 데 도움이 된다. 고프먼은 책에서 커버링을 "낙인자의 목표는 긴장을 완화시키는 것, 즉 자신과 타인들이 낙인을 더 이상 은밀하게 대하지 않고 상호 작용에서 부딪치는 공공연한 내용에 자연스럽게 관여하도록 하는 것이다."라고 설명한다. 나무로 된 의족을 사용하던 사람이 다른 사람과 동행할 때는 목발을 짚거나, 실명한 사람이 검은 안경을 쓰는 것 등이다. 즉, 장애라는 낙인을 드러내면서 동시에 장애가 두드러져 보일 부분은 감추는 과정을 커버링이라고 한다.
13) 켄지 요시노, 같은 책, 120쪽.

프로그램이 어린이 프로였기 때문에 어린이에게 갈 수 있는 파장이 굉장히 컸어요. 저는 평상시의, 일반화된 저의 삶 자체를 다큐멘터리로 생생하게 다 이야기했는데 그 와중에도 가려야 할 곳은 가렸어요. 청소년들 특히 어린아이들이 봐서는 안 될 것들, 들어서 안 될 것들을 저 스스로 안 해야 하니까요. 하지만 홍석천 씨는 커밍아웃 한 다음에 호주 마디그라에 가서 게이 축제에 참여하고 자기 애인이라고 팔짱 끼고 사진 찍은 것까지 인터넷으로 보내왔어요. 자기 성향을 밝힌 것은 용기 있어 좋다, 그거예요. 하지만 사적으로 자기가 무엇을 하는지까지 밝힐 필요는 없다고 생각해요. 만약에 제가 성전환 수술은 이렇게 하는 겁니다 하고 화면에 밝혔다고 생각해보세요. 오히려 역반응이 나왔을 거라고 보거든요. 어느 정도 자기 자신이 이야기하는 것에 책임감을 가졌어야 하는데 그런 부분에서 미흡했지 않았나 싶어요."[14]

하리수의 발언은 커버링 요구를 소수자가 어떻게 내면화하는지를 보여준다. 청소년들이 보고 들어서는 안 될 것을 알아서 먼저 가려내고, 불편해할 만한 사적인 부분은 드러내지 않아야 한다는 것, 그리고 사적인 것을 드러내서는 안 된다는 것이 바로 커버링이다. 그래야 사람들(동성애자나 트랜스젠더가 아닌 평범한

---

14) 정확한 방송 일자는 확인할 수 없지만 2002년 말과 2003년 초 사이일 것이다. 하리수의 발언은 2003년 3월 19일에 발행된 〈BUDDY〉 22호에 실려 있다. 그 당시에 필자가 인터넷 방송을 보면서 그대로 기록하였다.

일반 대중)로부터 함께 살아갈 건전한 시민으로 비로소 인정받을 수 있다.

사회는 소수자들에게 커버링을 요구하며 "너희들도 주류가 될 수 있어."라고 타협안을 제시한다. 즉, 어떤 동성애자가 될지, 어떤 트랜스젠더가 될지 그 한계와 방식을 잘 생각해보고 결정하라고 말한다. 이는 차별을 사회 구조적인 불평등의 문제가 아니라 개인의 자질에 달린 문제로 만든다.

커버링은 하리수를 스타로 만들었지만 똑같은 방식으로 소원을 이루지 못하게도 했다. '여자보다 더 예쁜 여자'라는 수식어는 여배우와 여가수로서의 활동을 가능하게 했고, 대중들은 호적상 성별 정정, 사랑하는 사람과의 결혼과 혼인 신고까지 받아들였다. 하지만 하리수가 입양을 하겠다고 밝히자 여론이 바뀌었다. 아이의 행복은 생각하지 않는 이기적인 욕심이라고 비난하는 목소리가 높아졌다. 트랜스젠더가 이성애자로 사는 것은 주류 규범에 부합한다고 여겼지만, 생물학적 여성도 아니면서 어머니가 되려는 것은 용납할 수 없었던 것이다. 커버링은 소수자의 삶에 관심이 없다. 오로지 사회가 요구하는 '상태'에 부합하는가만을 중요하게 생각한다. 그러므로 커버링을 완전히 수행하는 것은 애당초 불가능하다. 하지만 교묘하게 계속 소수자들에게 다른 사회적 지위와 대우가 가능하다는 착각을 스스로 하게 만든다.

'세상에서 가장 안전한 오빠'라는 함정

2010년대에 접어들어 동성애자에게 요구하는 커버링은 이성애자의 눈높이에 맞추어 전혀 위험해보이지 않는 동성애자, 저 정도의 동성애자라면 함께 사회에서 지낼 수 있겠다는 생각이 들게 하는 것이다.

최근 방송국은 홍석천에게 '세상에서 가장 안전한 오빠'와 '위험한 형'이라는 수식어를 붙였다. 여성 연예인들과 나란히 앉아 있어도 위화감이 들지 않도록 행동하는 남성 동성애자는 이성애자 여성과 이성애자 남성 모두를 안심시킨다. 그는 그 누구의 경쟁자도 되지 않는다. 동성애자 남성이 '세상에서 가장 안전한 오빠'라는 수식어를 달게 될 때 '안전하지 않은 오빠'를 더 정상적이고 자연스러운 존재로 보이게 하는 효과가 발생한다. 세상 대부분의 남성들, 즉 이성애자 '오빠'들은 원래 위험한 존재들이다. 그런데 이 '특별한' 오빠는 '이성애자가 아닌' 동성애자여서 안전하다는 전제가 깔리기 때문이다.

그렇다면 '가장 위험한 형'은 어떤가. 이런 농담을 남자 연예인들이 두려움 없이 낄낄대며 쓸 수 있다는 것은 이상한 일이다. 보통 남성들이 가장 격렬하게 동성애 혐오를 드러내는 순간은 바로 자신이 다른 남성에게 '사랑받는 남성'으로 보일 가능성이 있거나, 그런 욕구를 자신의 내면에서 느낄 때이다. 사랑을 하고 싶다는 것보다 사랑하는 사람에게 사랑을 받고 싶다는 것은 '정상적 남성성'에 포함되어 있지 않은 속성이다. 사랑받는 위치를 수동적인 위치, 남성답지 못한 위치로 생각하는 이들일수록 남성이 사랑받는 위치에 있는 장면 자체를 견디지 못한다. 동성 친구가 커밍아웃을 할 때보다 자신에게 사랑을 고백할 때 오히려 화를 내며 상대를 죽이는 일까지 벌어진다.[15]

'가장 안전한 오빠'가 동시에 '가장 위험한 형'이 될 수 있는 이유는 동성애에 대한 편견을 없애고 긍정적으로 수용한 결과가 아니다. 게이에 대한 오랜 편견에는 '과잉된 성욕'을 가진 남성이란 이미지가 있다. 여성을 좋아해야 하는데 남성에게 성욕을 느낄 정도로 과잉되었다고 보아 한때 영국에서는 남성 동성애자에게 '여성 호르몬'을 투여하는 처벌을 내리기도 했다. 과잉된 남성의 성욕을 여성 호르몬으로 낮추어서 정상으로 만들어야 한다는 이유였다.

그런데 홍석천은 1990년대 말에 인기가 높았던 시트콤 〈남자 셋 여자 셋〉에서 여성스러운 디자이너 '쁘아송' 역할로 유명해졌고 그 후 커밍아웃을 했다. 여성스러운 게이라는 편견이 작동한다면 홍석천의 이미지는 '가장 위험한 형'이 아니라 '가장 만만한, 가장 괴롭히기 좋은, 사내답지 못한' 어딘가 부족한 형에 더 가까웠을 것이다. 그런데 다른 남성에게 '위험한 형'이 된다는 것은 '과잉된 성적 주체'라는 전형적 남성성에 더 가깝게 다가서

---

15) 이 부분은 루인의 '피해자 유발론과 게이/트랜스 패닉 방어'에서 더 자세히 다루고 있다.

는 표현이다. 결국 '가장 안전한 오빠'와 '가장 위험한 형'은 동성애자에 대한 편견을 그대로 드러내는 말로서 당사자의 승인 하에 마음껏 쓸 수 있기에 편안하고, 기존의 전형적 남성성을 건드리지 않고 오히려 강화하는 말이기에 거슬리지 않는다.

커버링은 결코 노골적으로 드러나지 않는다. 친절하게 나란히 앉을 옆자리를 내어주는 듯하지만 이미 계획된 전체적인 밑그림을 흩트리는 법은 없다. 설사 레즈비언 연예인이 커밍아웃을 한다고 해서 '세상에서 가장 안전한 누나'라는 수식어가 붙는 일이 생길 리 없는 것처럼.

커버링과 동시에 요구되는 역커버링

몇 년 전, 법무부의 요청을 받고 난민심사위원회 회의에 전문가 조언을 하기 위해 참석한 적이 있다. 동성애자인 것이 드러나면 법적 처벌을 받는 나라에서 도망쳐 나온 사례였다. 레즈비언으로서 난민 신청을 했는데 심사위원들은 그녀가 정말 레즈비언인지 확인할 수 없다는 점 때문에 쉽게 결정을 내리지 못하고 있었다. 심의 위원 중 한 명은 나에게 난민 신청자를 직접 만나보고 정말 레즈비언인지 아닌지를 판별해 달라고 요청했다. 나는 당연히 거절했다. 레즈비언들은 서로를 알아볼 수 있을 거라는 상상, 레즈비언이라면 분명 어딘가 다른 티가 날 것이라는 기대가 '역커버링' 요구다.

난민 심사의 핵심은 그녀가 진짜 레즈비언인지 아닌지가 아니라 그녀가 도망쳐 온 나라가 동성애를 탄압하는 정책이나 사회 제도나 관습이 있는지에 있으며, 레즈비언인 것을 증명하기 어려운 만큼이나 레즈비언이 아니라는 사실 역시 증명하기 어렵기 때문에, 본국으로 돌아가면 박해를 피할 수 없다는 점에 관심을 기울여 달라고 호소했다. 나는 그 심사 결과가 결국 어떻게 되었는지 알지 못한다. 하지만 이 상황은 그 자체로 커버링과 역커버링 요구가 얼마나 한 사람의 삶을 억누르는지 보여준다. 고향에서 살 때는 이성애자인 척하며 최대한 티를 내지 않아야 했고, 난민으로 인정받으려면 동성애자로서 충분히 티를 내야만 했다. 하지만 이 두 가지를 어떻게 동시에 할 수 있단 말인가.

2017년에 EBS에서 제작한 〈까칠남녀〉라는 프로그램에 성적소수자들이 출연하자 발생한 논란과 뒤이어 발생한 사건도 마찬가지다. 방송의 설정 자체가 교실에서 벌어지는 일을 다룬 것이기에 출연자들은 모두 교복을 입었다. 예능 프로그램에서 출연자들이 교복을 입는 설정은 흔한 것인데도 유독 이 방송에서만 성적소수자들이 교복을 입는 것은 부적절하다고 비난받았다.[16] 이어 양성애자로 커밍아웃한 패널의 출연 계약이 해지되었다. 섹스컬럼니스트로서 그녀가 한 말들은 전문가의 발언으로 평가

---

16) 〈조선일보〉 2018년 1월 8일자에 "교복 입고 등장한 성적소수자… EBS 적절성 논란"이라는 기사가 실렸다. 기사뿐만 아니라 반(反)동성애 혐오 진영에서는 교복을 입은 것을 비난하는 글을 인터넷에 조직적으로 게시하고 EBS 앞에서 항의 집회도 열었다.

받지 못했고 마치 문란한 양성애자의 망언이라도 되는 양 부당하게 비난받았다.

서울광장에서 열리는 퀴어 퍼레이드의 참가자들의 노출이 심하다는 이유로 비난하는 것도 마찬가지다. 비난하는 쪽은 어린이와 청소년을 보호하기 위해서라는 명분으로 '노출'을 문제 삼지만 실제로 대한민국의 여타 축제에서 여성을 성적 대상화하거나 상품화하는 경향은 심각할 정도다. 이들 축제가 음란하다는 비난을 받지는 않는다. 동성애자가 거리로 나왔다는 것, 노출을 했다는 것 자체가 이미 신경을 거스르기 때문에 비난할 뿐이다. 그리고 이런 비난은 성적소수자 커뮤니티 내에서도 똑같이 나온다. 사회를 잘 설득해서 세상을 변화시켜야 하는데 노출이 심한 옷을 입는 참가자들 때문에 성적소수자 전체가 욕을 먹는다고 비난한다. 건전한 축제를 만들어야 한다고 주장하지만, 이들은 한 가지를 놓치고 있다. 동성애자가 아무리 단정한 옷차림을 한다고 해도 건전한 존재로 칭송받는 일은 결코 생기지 않는다. 건전이라는 잣대가 이미 이성 간의 사랑, 결혼, 성생활로 짜여 있기 때문에 동성애자인 채로는 건전한 존재가 될 수 없다. 그걸 알면서도 동성애를 혐오하는 이들이 동성애자에게 '건전'을 권장하는 이유는 이성애자와 유사해지기 위해 자발적으로 노력하게 만들 수는 있기 때문이다.

2010년대를 지나면서 레즈비언 커뮤니티에서도 커버링의 내면화 현상이 관찰되었다. 레즈비언에 대한 일반적인 선입견에 부합하는, 즉 짧은 머리를 한 레즈비언에 대한 터부가 생겨났다. 보이시한 레즈비언을 '티부(티 나는 부치의 줄임말)'라고 부르며 미팅을 하는 자리에 '티부 사절' 같은 말이 관용어처럼 쓰이기도 했다. 티부와 함께 있으면 아웃팅을 당할 위험이 있다거나, 티부는 세련되지 못하다는 식의 비하도 일어났다. 게이 커뮤니티에서도 유사한 의미로 '일틱'이란 은어가 쓰였다. '일반 같다'는 뜻으로, 여성스럽지 않은 보통의 이성애자 남성처럼 보이는 스타일을 선호하는 경향을 드러내는 표현이었다. '티부'나 '일틱' 같은 말들은 레즈비언은 남자 같고 게이들은 여성스럽다는 사회의 편견을 동성애자 커뮤니티가 수용한 결과다. 편견을 깨부수고 저항하는 대신 편견은 내버려 둔 채 그 적용만을 피하려는 이러한 전략은 결코 동성애자에게 자유를 가져다주지 않는다. 편견은 점점 늘어날 것이고 그만큼 설 자리는 줄어들기 때문이다.

켄지 요시노는 "커버링 요구를 극복하기 시작하고서야 비로소 내가 동성애자인 것이 나의 상태에서 삶으로 변했다."라고 말했다. 동성애자라는 '상태'에서 '삶'으로 변했다는 표현에 주목해보자. 즉, 커버링에서 자유로워지는 것은 내가 나의 삶을 온전하게 누리는 것을 의미한다.

나가며

글의 서두에서 한 이야기를 다시 떠올려본다. 곰곰이 생각하다 이상한 점을 발견했다. 혹시 그 부부에게 나는 '여자들 중 한 명'으로 인식되지 않았던 것이 아닐까 하는 의심이다. 그렇지 않고서야 어떤 남편이 자신의 부인에게 다른 여성과 섹스를 하고 오겠노라고 태연히 말할 수 있을까. 또 어떤 아내가 그 말에 함께 깔깔거릴 수 있단 말인가.

레즈비언이 여자의 형체는 하고 있지만 '진짜' 여자는 아니라고 생각했기에 '같은' 인간으로도 느끼지 못했을지 모르겠다. '이성애자가 될 수 있었을 텐데'라는 안타까움에는 진짜 여성이, 진정한 인간이 되길 바라는 마음이 있었을지도 모르겠다. 그래서 내가 전혀 원할 리가 없음에도, 한번 해볼까 하며 폭력을 호의로 착각한 것이 아닐까. 마치 남자답거나 여자답게, 혹은 사람 구실을 하게 만들어준다며 가정과 학교와 군대에서 체벌과 구타가 쉽게 용인되는 것처럼.

언제였던가. 7~8년 전 중년 부부가 예고도 없이 사무실을 방문한 적이 있었다. 장성한 20대 아들을 둔 부부는 자녀의 커밍아웃을 듣고 갈등하다가 몇 가지 조언을 얻으러 왔다고 했다. 첫 질문은 아들에게 나중에 이혼을 해도 괜찮으니 일단 결혼을 하라고 설득 중인데 왜 말을 안 듣는지 모르겠다는 것이었다. 나는 아드님이 거절하는 것은 당연하며 아무것도 모르고 결혼을 하게 될 여성에겐 나쁜 짓을 하는 것이라고 설명했다. 아버님도 다른 남성과 살아본 뒤에 이성애자임을 깨닫고 결혼을 하신 건 아니지 않느냐고도 묻고, 결혼한다고 동성애자가 이성애자로 바꾸는 일은 없다고 설득했다. 겨우 마음을 돌려먹은 부모님의 두 번째 질문은 성공한 동성애자를 만나게 해줄 수 있느냐는 것이었다. 사회적 지위도 높고 돈도 잘 버는, 롤모델로 삼을 수 있는 동성애자를 아들에게 소개해주고 싶다고 했다.

나는 궁금했다. 왜 '행복한 동성애자'는 만나보고 싶지 않은지, 아들의 삶과 미래를 그리 걱정하면서도 왜 '행복하라'고 말해주진 않는지, 동성애자가 성취할 수 있는 최고의 가치가 왜 '행복'일 수는 없는지, 동성애자가 이성애자와 다를 바 없는 인간이 되려면 왜 이성애자들보다 더 돈이 많거나, 이성애자들에게 무시당하지 않을 힘을 지녀야만 하는 것인지를 되묻고 싶었다. 대체 동성애자는 언제쯤 이성애자와 동등한 인간이 될 수 있단 말인가.

이성애자에게 커밍아웃을 하고, 이성애자들의 기대에 부응하려 애쓰며, 이성애자 중심의 질서를 지키면서 그 안에서 동성애자의 자리를 만들자고 하는 모든 요청들을 거부해야 한다. 같아지는 것을 선택하는 대신, 무리 없이 섞이고 어울리는 것을 선택하는 대신 남들과 '다른' 나로서 살아야 한다. 다르다는 '티'를 일부러 내는 것이 아니라 다른 '티'가 저절로 나는 것이다. 우리는 순응하라고, 적당히 넘어가라고, 너무 유난 떨지 말라는 말을 듣지 않아야 한다. 한 점 부끄럼 없고 당당하고 무결해야만 인정받는 피해자, 상처받아 웅크린 가련한 약자, 주류의 배려와 관용을 기다리는 소수자로서의 위치를 거부해야 한다. 중요한 건 단 한 가지다. 나로서 생존하는 것 자체가 바로 세상과의 싸움이라는 것, 그래서 우리는 '끈질기게' 나 자신으로서 행복해지는 것을 포기하지 않아야 한다.

피해자 유발론과
게이/트랜스 패닉 방어[1]

루인 | 트랜스/젠더/퀴어연구소와 한국퀴어아카이브 퀴어락에서 공부하고 있다. 트랜스젠더퀴어 인식론을 모색하고 그 정치학으로 역사와 문화를 다시 쓰고 있다. 《젠더의 채널을 돌려라》, 《양성평등에 반대한다》, 《한국 남성을 분석한다》 등을 함께 썼고, 《트랜스젠더의 역사: 미국 트랜스젠더 운동의 이론, 역사, 정치》를 함께 번역했으며, 〈젠더, 인식, 그리고 젠더폭력: 트랜스(젠더)페미니즘을 모색하기 위한 메모, 네 번째〉(2013) 등의 글을 썼다. 그 밖에 지금까지 쓴 모든 글은 www.runtoruin.com에서 확인할 수 있다. 나의 고양이 리카, 바람, 보리에게 특별한 사랑을 전한다. runtoruin@gmail.com

혐오의 가시화와 그 정치학

경북 경산경찰서는 28일 자신의 교제 상대가 트랜스젠더인 사실을 뒤늦게 알고 격분해 살해한 혐의(살인)로 박모(24) 씨에 대해 구속영장을 신청했다.

경찰에 따르면 박 씨는 23일 오후 대구시 남구의 한 여관에서 교제 중인 김모(24) 씨와 말다툼을 벌이다 김 씨가 남자라는 사실을 알게 되자 수차례 폭행한 뒤 경산시에 있는 한 하천의 둑 아래로 던져 숨지게 한 혐의를 받고 있다.

박 씨는 4년여 전 아르바이트를 하다 여성 같은 외모를 가진 김

---

1) 패닉 방어를 다룬 이 글은 10년에 걸쳐 다양한 판본으로 작성한 원고 중 최신 판본이다. 이번 글을 통해 패닉 방어 관련 논의를 정리할 수 있길 바라지만, 결국 이 글은 패닉 방어와 관련해서 이제야 시작하는 글일지도 모른다. 이 글을 쓰는 과정에서 정말 많은 분에게 도움을 받았다. 한국성적소수자문화인권센터, 법무법인 한결(박진미 차장)과 한결기금으로 함께 연구한 연구원들, 지혜, 김현미 선생님과 함께 수업을 들은 동료, 성문화 연구 모임 도란스 구성원, 그리고 H에게 고마움을 전한다.

씨를 알게 된 뒤 가끔 만나 왔으나 성별을 알 수 있는 접촉은 갖지 않아 상대방이 여장 남성인 것을 인식하지 못했다고 경찰에서 진술했다. ("'여친이 남자?' 트랜스젠더 살해 20대 영장", 〈동아일보〉, 2010년 5월 28일자)

2010년 5월 말, 가해자 박모 씨가 4년 전 만난 여성 같은 외모의 김 씨가 트랜스여성(혹은 여장남자)이라는 점을 뒤늦게 알고 살해했다는 기사가 났다. 기사만 보고 짐작할 수 있는 사실, 기사가 생산하고자 하는 사건의 성격은 피해자가 트랜스젠더 혹은 mtf(male-to-female)/트랜스여성이라는 점을 가해자 박 씨에게 말하지 않았고(혹은 거짓말을 했고), 뒤늦게 이 사실을 안 박 씨가 피해자 김 씨를 살해했다는 점이다. 기사를 통해 구성되는 이 사건의 핵심은 김 씨가 트랜스젠더가 아니었다면, 혹은 김 씨가 박 씨를 적어도 속이지만 않았다면 살인 사건은 발생하지 않았을 것이란 점이다. 그래서 사건의 원인은 피해자 김 씨로 지목된다.

사건이 보도될 당시, 몇 명의 트랜스젠더 활동가는 이 사건을 트랜스 혐오 사건으로 해석했다. 다른 이유 없이 단지 트랜스젠더라는 이유만으로 피해자가 살해되었다면 이 사건은 가해자의 트랜스 혐오가 그 원인이라고 할 수 있기 때문이다.

만약 기사가 전하는 것처럼 이 사건에서 피해자가 가해자에게 자신이 트랜스라는 점을 밝히지 않았고(밝혀야 할 의무나 밝혀야만 할 이유는 없다), 가해자는 피해자가 단지 트랜스라는 이유로, 트랜스를 혐오하는 마음으로 피해자를 살해했다고 치자. 그렇다면 이 사건은 혐오가 발생하는 구조, 혐오를 밑절미 삼는 혐오 폭력의 구조에 대해 어떤 이야기를 해줄까? 흔히 말하듯 혐오와 혐오 폭력은 특정한 누군가 혹은 특정 범주에 해당하는 집단을 끔찍하게 싫어하는 마음 때문에 발생하는 것이라고 이해하면 충분할까? 따라서 김 씨의 죽음은 김 씨가 트랜스젠더이며 박 씨가 트랜스 혐오자라는 점을 확인하는 것으로 이미 설명이 다 된 것일까? 만약 가해자가 트랜스를 혐오해서 발생한 사건이라는 설명이 충분하다고 이해한다면 이 사회는 혐오를 어떤 식으로 인식하고 동시에 혐오는 이 사회에서 어떤 식으로 유통되고 있는 것일까? 특정 집단이나 개인을 향한 혐오는 정확하게 무엇을 의미하며 혐오와 폭력, 특정 범주 사이의 관계는 어떤 식으로 구성되어 있을까? 이런 일련의 질문은 혐오와 혐오 폭력, 그리고 피해자의 관계가 구성되는 방식을 질문하도록 한다. 만약 앞에서 인용한 기사가 가정하는 것처럼 혐오라는 감정이 피해자의 범주나 피해자의 특정한 속성 때문에 발생하는 것이라면 가해자의 폭력도 피해자로 인해 발생하는 것일까? 또 피해자가 사라지면 혐오도 사라지거나 피해자가 자신의 범주나 특정한 속성이 티 나지 않도록 조심한다면 혐오가 발생하지 않을까? 이런 일련의 질문은 페미니즘 정치의 오랜 의제인 '피해자 유발론'과 긴밀하게 연결된다.

'피해자 유발론'은 여성 혐오나 성폭력을 둘러싼 의제에서 특히 많이 거론된다. 예를 들면 "여학생의 학교 성적이 좋아 남학생의 손해가 크다.", "여성이 의무는 이행하지 않고 과도하게 권리만 주장하면서 남성이 역차별을 당하고 있다.", "여성이 짧은 치마를 입고 밤늦은 시간에 돌아다녀 성폭력 사건이 발생한다." 같은 식이다. 이것은 가해자 자신의 범죄 사실, 혹은 특정 집단의 무능력 따위를 그 자신의 문제로 인식하는 것이 아니라, 다른 누군가를 원인으로 지목하고 그 타인으로 인해 '내'가 부당한 일을 겪고 있다는 인식이다. 문제는 이러한 피해자 유발론이 일부 개인의 특이한 인식이 아니라는 데 있다. 근래 연애 관계에서 아주 중요한 의제는 안전 이별이다. 특히 이성애 관계에서 여성이 남성에게 이별을 통보할 때 별문제 없이 헤어질 수 있는지가 매우 중요한 문제로 떠오르고 있다. 이 문제로 하루가 멀다 하고 협박, 납치, 감금, 구타, 폭행, 성폭력 등 심각한 범죄가 일어나고 있으며 염산 테러 역시 빈번하게 발생하고 있다. 이런 사건에서 많은 가해자가 이별 통보를 받고 답답하거나 화가 나거나 충격받아서 그랬다고 진술한다. 그런데 이별 통보가 이처럼 심각한 범죄 행위를 유발하는 이유가 될 수 있을까? 현재 한국의 미디어와 한국 사회는 가해자가 진술하는 대로 이별 통보를 범죄 행위의 정당한 사유로 받아들이고 있다. 이것은 이별을 통보하는 사람이 사건의 원인을 제공했다는 인식을 반영한다. 특히 검찰이나 재판부는 이런 사건의 가해자들을 살인미수가 아니라 상해죄로만 처리하거나 가해자의 사정을 다각도로 '정상참작'해준다. 예를 들어 가해자가 생계 부양자이기에 또는 의대나 법대에 다니는 '장래가 촉망되는 젊은이'이기에 집행유예를 선고한다.

짧은 치마 같은 복장이 성폭력의 원인이라는 식의 사회적 태도와 이별 통보가 폭행 및 살인의 이유로 끊임없이 언급되는 분위기는 피해자가 100퍼센트 원인을 제공했거나 100퍼센트는 아니어도 일정 정도 원인을 제공한 책임이 있다는 전형적 피해자 유발론 인식에서 비롯된다. 페미니즘의 오랜 반(反)성폭력 운동은 피해자 유발론이 가해자를 옹호함으로써 사회의 통치 체제(가부장제)를 보호하는 방식이라는 점을 계속해서 지적했다. 그렇다면 어떤 사람이 트랜스젠더라는 점은 그 사람을 혐오하고 살해할 타당한 이유가 될까? 트랜스젠더라고 먼저 밝히지 않았거나 이별 통보를 한 것이 상대에게 심각한 트라우마와 충격을 안겨주고 그리하여 구타와 감금 혹은 살해를 유발할 정도의 '잘못'인 것일까? 그렇기 때문에 진짜 가해자는 이별을 통보한 사람, 트랜스젠더라고 밝히지 않은 사람이며, 사건의 가해자는 연민의 대상이자 실질적 '피해자'인 것일까?

이 글은 바로 이 지점, 혐오를 피해자 유발론으로 구성하는 문제에 초점을 맞춰 논의하고자 한다. 그리고 많은 피해자 유발론 중에서도 LGBT/퀴어가 경험하는 피해자 유발론, 특히 게이/트랜스 패닉 방어에 집중할 것이다. 뒤에서 자세하게 설명하겠지만, '게이 패닉 방어'는 게이 남성을 살해한 가해자가 게이 남성이 자신에게 성적으로 접근했고 이에 충격을 받아 자신을 지키기 위해 살해했다는 법적 방어 논리다. 비슷하게 '트랜스 패닉 방어'는 mtf/트랜스여성을 살해한 가해자가 상대방이 트랜스라는 점을 뒤늦게 알고 충격을 받아 살해했다는 법적 방어 논리다. 즉 재판 과정에서 살인의 원인을 상대방에게 돌려 감형을 받고자 펼치는 주장이다. 게이 남성이 자신에게 접근하지 않았거나, 상대방이 트랜스가 아니었다면 살인 사건이 발생하지 않았을 것이라고 주장하는 것이다. 한국에서 패닉 방어와 관련한 논의는 매우 적은 편이며[2] 배심원제를 운영하는 미국에서 주로 관련 논의가 진행되고 있다. 하지만 서두에 인용한 기사에서 알 수 있듯이, 패닉 방어는 실제 한국에서 등장한 적 있는 방어 논리이다. 그리고 이 논리와 피해자 유발론에 근거해 (성)폭력을 정당화하는 언설은 한국에서도 매우 빈번하게 쓰이고 있다. 즉, 사건을 패닉 방어로 명명하느냐 아니냐의 문제일 뿐, 패닉 방어는 지금 현재 한국에서 적극 논의할 필요가 있는 의제다.

이 글은 혐오의 한 형태로 패닉 방어를 논하며 2010년 5월 대구에서 발생한 트랜스젠더 살인 사건을 주요 분석 텍스트로 삼

---

2) 루인, 윤다림, 준우, 한채윤, 〈판결문과 사례 분석을 통해 본 성적 소수자 대상 '혐오 폭력'의 구조에 대한 연구〉, 한국성적소수자문화인권센터, 2015; 류병관, "미국 형사절차상 동성애 피해자 보호에 관한 논의", 〈비교형사법연구〉 제18권 제1호, 2016, 295~315쪽.

는다. 이 사건을 통해 혐오와 젠더 규범의 관계를 질문하고자한다. 이 작업을 진행하기에 앞서 패닉 방어의 기본 개념과 관련논쟁을 개괄적으로 살펴볼 것이다. 이것은 혐오가 작용하는 방식을 이해하는 데 중요한 단서를 제공할 것이다. 이어서 대구에서 발생한 사건을 분석하며 혐오는 가해자 개인에게 본질적으로내재하는 것이 아님을 설명하고 이를 통해 혐오는 가해자가 사회의 규범을 이용하고 또 새롭게 구성하기 위해 이용하는 수단임을 논할 것이다.

게이/트랜스 패닉 방어란 무엇인가

패닉 방어를 둘러싼 논의는 크게 두 가지로 나뉜다. 하나는 게이 남성이 피해자일 때 가해자가 채택하는 전략인 게이 패닉 방어이며, 다른 하나는 트랜스젠더 특히 mtf/트랜스여성이 피해자일 때 가해자가 채택하는 전략인 트랜스 패닉 방어다. 이 두 방어 전략은 논리 구조 면에서 일정 부분 겹치지만 게이와 mtf/트랜스여성의 정체성 차이처럼 패닉 방어의 논리가 전개되는 방식에도 차이가 있다. 따라서 이 둘은 각각 나누어 살필 필요가있다.

게이 패닉 방어

게이 패닉 방어(gay panic defense) 혹은 이론가에 따라 동성애자 유혹 방어(homosexual advance defense)라고 부르기도 하는 이 용어는 1920년대에 처음 등장했다고 한다. 정신과 의사 에드워드 켐프(Edward Kempf)가 '동성애자 패닉(homosexual panic)'이라는 표현을 썼는데 이는 켐프가 자신의 내담자와 상담하는 과정에서 발견한 증상을 설명하기 위해 만든 용어였다.[3] 동성애자 패닉으로 괴로워하는 남성 내담자는 동성으로 여기는 남성과의 관계에 끌리지만 동성 성애 감정이 그가 속한 사회에서 부정적으로 인식되고 이성 성애 감정만 긍정하기에 동성 성애적 환경에 속할 때 상당한 불안을 겪는다.[4] 이 불안이 동성애자 패닉은 아니다. 동성애자 패닉 증상은 동성 성애적 환경이거나 동성에게 성적 혹은 낭만적 유혹을 받았을 때가 아니라 매력을 느끼는 동성과 분리되었을 때 발생한다. 즉 자신의 "통제할 수 없는 도착적 성적 갈망"[5]을 억눌러야 하는 동시에 애정을 느끼는 사람과 분리될 때 발생하는 불안이나 패닉 상태와 같은 증상이 동성애자 패닉이다. 이 증상은 1951년 발간된 DSM(Diagnostic and Statistical Manual of Mental Disorders, 정신 질환의 진단 및 통계 편람) 1판을 비롯해 여러 정신 질환 사전 및 목록에 등재되기도

---

3) Cynthia Lee, "The Gay Panic Defense", *U. C. Davis Law Review* 471, 2008, p. 482; David Alan Perkiss, "A New Strategy for Neutralizing the Gay Panic Defense at Trial: Lessons From the Lawrence King Case", *UCLA Law Review* 60, 2013, p. 795.
4) Lee, 앞의 글, pp. 482~483.
5) Perkiss, 앞의 글, p. 795.

했다(DSM에서는 등재 후 몇 년 안 지나 삭제되었다).

의학 용어인 동성애자 패닉은 미디어 등에서 종종 쓰였는데, 1960년대 들어 남성을 살해한 혐의로 고소된 남성 피의자의 변호사가 피의자의 무죄를 주장하며 그 근거로 동성애자 패닉 방어 전략을 사용하면서 현재와 같은 의미로 바뀌었다.[6] 켐프에 따르면 의학적 정신 질환인 동성애자 패닉 증상이 있는 경우 수동적이고 타인을 공격하지 않을 뿐만 아니라 어떤 식으로든 공격성이 나타난다면 이는 타인을 향한 공격이 아니라 자해의 형태로 발현된다고 한다.[7] 반면 1960년대 이후 법정에서 전략적으로 사용된 논리인 게이 패닉 방어는 가해자의 살인 행위를 정당화하는 근거로 재의미화되었다. 남성 피해자를 살해한 혐의로 기소된 남성 피의자는 상대방의 비폭력적인 성적 유혹으로 인해 패닉 상태에 빠졌고 이로 인해 우발적으로 혹은 자기 방어 차원에서 피해자를 살해했다는 논리를 폈다. 이 논리는 살인 사건이 발생한 이유를 피해자가 가해자는 원하지 않는 동성 성애적 유혹을 했기 때문이라고 주장한다는 점에서 피해자 유발론의 구조와 동일하다.

앞서 언급했듯이 게이 패닉 방어는 동성애 패닉 방어 등 다양한 용어로 불리는데, 이 사안을 방대하게 검토한 신시아 리

---

6) Lee, 앞의 글, p. 477.
7) Lee, 앞의 글, p. 484.

(Cynthia Lee)는 게이 패닉 방어란 용어를 채택하고 있다. 이는 게이 패닉 방어의 중요한 특징을 하나 알려준다. 우선 게이 패닉 방어 전략을 사용하는 대다수 사건에서 피해자는 (게이) '남성'이며 가해자도 (이성애자) '남성'이다. 즉 남성 피해자와 남성 가해자 사이에서 사건이 발생했을 때 패닉 방어 전략이 등장한다. 물론 레즈비언 패닉 방어 전략이 법정에 등장하지 않은 것은 아니다. 예를 들어 한 남성이 두 여성이 키스하는 모습을 보고 충격을 받아 살해했다고 주장한 사건이 있었다. 그런데 리는 배심원단이 레즈비언 패닉 방어는 받아들이지 않았음을 지적한다.[8] 이것은 패닉 방어가 이성애자 '남성' 되기, 지배 규범적 남성성의 구성과 긴밀하게 연관되어 있다는 점을 의미한다.

2016년 미국의 연방 대법원이 동성 결혼 합헌 판결을 하고 동성애에 우호적 분위기가 조성되고 있다고 해도, 여전히 남성이 된다는 것은 이성애자 남성이 됨을 뜻한다. 즉 이성애자 되기를 장려하는 만큼 동성애자 되기를 부추기지는 않는다. 이성애자 남성 되기는 남성성, 남성다움을 입증하는 중요한 근거로 작용하는데, 미국 초중고등학교에서 남성답지 않은 남성 동료에게 빈번하게 하는 욕설이 호모, 패그 등이란 점으로 확인할 수 있다.[9]

---

8) Lee, 앞의 글, p. 488.
9) Michael S. Kimmel & Matthew Mahler, "Adolescent Masculinity, Homophobia, and Violence: Random School Shootings, 1982~2001", *American Behavioral Scientist* 46.10, 2003, pp. 1439~1458; Lee, 앞의 글, p. 479.

호모나 패그가 동성애자, 혹은 게이 남성을 경멸하고 비난하기 위해 쓰는 멸칭이긴 하지만, 이때는 성적 지향을 가리키기 위해서가 아니라 남성답지 않은 젠더 실천을 비난하려는 의도로 쓰인다. 재판정에서 게이 패닉 방어 논리를 펼치는 가해자들 역시 바로 지배 규범적 남성성을 중시하고 강요하는 정서를 공유하고 있으며 그래서 호모포비아를 동원해 자신을 방어한다. 그들의 주장에 따르면 게이 남성이 자신에게 접근한 것은 자신의 남성성을 위협하는 행위이자 자신이 게이로 오해받을 수 있게 하는 행위이기에 가해자 중 한 명은 피해자를 살해한 후 "나는 게이와 섹스를 할 수 없어."라고 외쳤다고 한다.[10] 패닉 방어 전략은 가해자가 자신이 게이가 아니라고 주장하며 자신의 이성애자 남성성을 입증하려는 노력과 이런 노력을 요구하는 사회의 지배 규범이 공모한 결과다. 즉 혐오 폭력 혹은 혐오를 밑절미 삼아 발생하는 살인은 단순히 개인적 일탈이나 이상 행위가 아니라 사회가 어떤 젠더 규범을 요구하느냐에 따라 발생하는 문제, 즉 사회 구조적 사건이다.

남성다움을 강요하는 사회적 태도 혹은 지배적 젠더 규범을 분명하게 인식해야 하는 이유는 이러한 태도와 규범이 패닉 방어 전략을 받아들이는 사회적 맥락의 일부이기 때문이다. 이성

---

10) Victoria L. Steinberg, "A Heat of Passion Offense: Emotions and Bias in 'Trans Panic' Mitigation Claims", *Boston College Third World Law Journal* 25.2, 2005, p. 514.

애자 남성성을 남성의 유일한 남성성 실천으로 이해하고 그것을 매우 중요한 가치로 받아들이는 사회적 태도가 없다면 패닉 방어 전략은 재판 과정에서 수용되기 힘들 뿐만 아니라 애당초 전략으로 채택되기 어렵다. 즉 동성애자 혹은 게이와 관련한 공포, 역겨움, 그리고 혐오의 사회적 태도와 감정이 존재하며, 동성애 남성이 이성애 남성을 유혹하는 일은 "끔찍하고 역겨운 사건"이라는 인식이 사회 구성원 사이에 공유될 때 가능한 전략이다.[11] 동성애 관계나 동성애자에 대한 거부감은 한국에서도 널리 퍼진 정서인데 예를 들어 배역으로 동성애자 역할을 한 배우가 나중에 힘들었다고 토로하고 이를 미디어에서 공감하는 식이다.[12]

리에 따르면 게이 패닉 방어 전략은 대체로 네 가지 논리를 구사한다. 순간적으로 미쳐서 자신도 모르게 살인을 했다는 정신 이상(insanity), 갑자기 판단 능력이 감소하여 살해했다는 책임 감경(diminished capacity), 상대방이 성적으로 도발하여 살인을 했다는 도발(provocation), 상대방의 성적 도발에 자신을 방

---

11) Robert B. Mison, "Homophobia in Manslaughter: The Homosexual Advance as Insufficient Provocation", *California Law Review* 80.1, 1992, p. 158.
12) 예를 들어 배우 황정민은 영화 〈로드무비〉에서 동성애자 역할을 했는데 나중에 "참 힘들었다. 여자를 사랑하게 태어났는데, 남자를 사랑하는 연기라 힘들었다."라며 "정말 남자가 남자를 사랑한다는 연기를 하는 것은 힘들더라. 스트레스로 온 몸에 두드러기가 돋았다."와 같은 발언을 했다. 황정민은 이 발언을 한 번만 한 것이 아니라 1년 이상 시간을 두고 반복해서 말했다. "황정민 '동성애 연기, 온몸 두드러기 돋을 정도로 힘들었다' 고충 토로", 〈뉴스엔〉, 2010년 2월 10일자; "황정민, '로드무비' 동성애 연기에 두드러기까지", 〈마이데일리〉, 2011년 6월 7일자.

어하기 위해 살인을 했다는 정당방위(self-defense)이다.[13] 이들 논리는 시간이 지나면서 정신이상에서 책임 감경, 도발, 정당방위 순으로, 내세우는 논리 구조가 달라졌으며 각 논리는 배심원단에게 통하지 않기도 했고 통하기도 했다. 근래 자주 사용하는 도발 전략과 정당방위 전략은 어느 정도 수용되는 편이며 이에 따라 1급 살인인 모살(murder)에서 2급 살인인 자발적 고살(voluntary manslaughter)로 감경되는 경우가 많다.

물론 원하지 않는 성적 접근에 살인으로 대응하는 방식이, '합리적 남성'이라면 할 법한 행동이며 자기 방어에 해당한다는 판결에 여러 사람이 비판적 논의를 펴고 있다. 예를 들어 원하지 않는 성적 접근이나 제안에 정당방위의 일환으로 살인을 하는 것이 합리적 행동이라면 거리에는 여성에게 살해된 이성애자 남성의 시체가 가득할 것이다.[14] 여성이 원하는지 원하지 않는지 묻지도 않은 상태에서 단지 남성이 매력을 느꼈다는 이유로 상대 여성에게 성적 혹은 낭만적 유혹을 하는 경우는 매우 흔하지만 이런 상황에서 여성은 살인으로 대응하지 않는다는 점을 꼬집는 비판이다. 즉 게이 패닉 방어는(이 측면은 뒤에서 설명할 트랜스 패닉 방어와 유사한데) 철저하게 이성애주의를 밑절미 삼아 이성애자 남성성만을 지킬 가치가 있다고 전제한다. 남성의 성적

---

13) Lee, 앞의 글, pp. 490~516.
14) Lee, 앞의 글, p. 520.

적극성은 이성애 관계일 때 적극 권장되는 반면 여성의 성적 적극성은 고려되지 않는다.

게이 패닉 방어를 수용하는 판결은 "만약 누군가 동성애 관계를 제안한다면 그런 유혹은 그 사람을 죽일 만큼 충분한 도발"이며 게이 남성은 이성애 남성보다 덜 존중받을 만하고 동성애 행동에 대한 반감과 적의는 자연스러운 반응이라는 메시지를 전달한다.[15] 아울러 재판 과정에서 패닉 방어의 수용은 비이성애 실천을 부정적으로 보는 사회적 태도를 적법한 것으로 인정하는 셈이며, 살인 자체는 잘못이더라도 동성 성애 관계를 제안하는 일이 살인을 야기할 정도로 잘못된 행동이라는 관념을 법적으로 승인하고 재생산한다.

게이 패닉 방어의 이런 특성은 젠더와 섹슈얼리티를 대하는 한 사회의 태도와 인식, 그리고 혐오 폭력의 관계를 분명하게 보여준다. 단순히 "인권 의식을 개선해야 한다.", "인권은 중요하다."고 말하는 상황에서는 사회 전반에 걸쳐 발생하는 혐오 폭력이 줄거나 사라지지 않는다. 물론 과거에 비해 법이나 제도는 일부 개선되었을 수 있다. 하지만 법이나 제도가 예전에 비해 개선되었다고 해도 구조적 폭력을 질문하고 집요하게 문제 삼지 않는다면 사회 곳곳에 내재해 있는 편견이나 혐오는 암암리에 발현되고 일상에 강력한 영향을 끼친다. 예를 들어 1990년대 한

---

15) Mison, 앞의 글, pp. 135~136.

국에서 한국여성의전화와 한국성폭력상담소를 비롯한 여러 여성 단체는 성폭력을 범죄화하고 성폭력 가해자를 처벌하는 법을 제정할 필요성을 제기했다. 여성 단체를 중심으로 법 제정을 위한 공청회 등을 진행했고 정치권과 함께 복잡한 논의 과정을 거쳐 '성폭력범죄의 처벌 및 피해자보호 등에 관한 법률'(1994년)을 제정했다. 이 법은 세계적으로 잘 만든 법이라는 평가를 받는다.[16] 하지만 2017년 11월, 한국여성의전화가 진행한 운동의 명칭인 〈#경찰이라니_가해자인 줄〉이 직접 말해주듯, 경찰 역시 법을 제대로 집행하지 않는다. 법 집행 대신 경찰은 피해자를 비난하거나 빈번하게 "가해자를 용서해줘라.", "가해자 인생 망칠 일 있냐." 같은 말을 한다. 판사 역시, 앞에서 언급했듯이, 성폭력 가해자나 이별 폭력 가해자의 입장에서 사건을 이해하고 가해자에게 우호적 판결을 내리고 있다. 법과 제도를 잘 만드는 것과 그것이 제대로 집행되는 것과 편견이나 폭력의 피해자가 사법 처리 과정에서 적절한 처우를 받는 것은 모두 별개의 문제다. 법과 제도가 제정되는 것은 때로 사회 구성원이나 외부인에게 이 사회가 괜찮은 곳이라고 믿도록 하며, 이 믿음은 이 사회에 만연한 편견과 차별을 은폐하고 피해자가 겪은 폭력을 말할 수 없게 한다.

---

16) 한국여성의전화 엮음, 《한국여성인권운동사》, 한울아카데미, 1999; 정희진 엮음, 《성폭력을 다시 쓴다 – 객관성, 여성운동, 인권》, 한울아카데미, 2003.

게이 패닉 방어 역시 과거에 비해 인권 의식이 진전되었다는 식의 언설과 실제 사회적 편견이 커지고 있는 현실 사이의 간극을 생생하게 증명한다. 동성애자를 향한 혐오 폭력이 과거에 비해 줄었다고 믿고, 자신은 동성애에 편견이 없다고 주장하는 사람도 피해자 유발론에 동의하고 피해자 비난하기에 참여하고 있다고 할 수 있다. 동성 성애적 환경이 두려움과 패닉을 야기할 수 있다는 주장에는 동의하기 때문이다. 일상에서 동성애자를 차별하면 안 된다고 말하는 많은 사람이 '내' 주변에는 동성애자가 없다고 단언하거나 '내게' 고백하지만 않으면 괜찮다고 말한다. 즉 '고백'은 괜찮지 않은 일이며, 고백을 한다면 차별이 발생할 수도 있다는 뜻이다. 패닉 방어를 통해 혐오/폭력을 살피는 작업에서 확인할 수 있는 것은 폭력, 살인, 혐오가 지배 규범에 내재한 형식, 지배 규범을 보장하거나 유지하는 형식이라는 점이다. 혐오 폭력은 돌발적 사건이 아니라 규범이 작동하는 양상의 일부다.

트랜스 패닉 방어

트랜스 패닉 방어(trans panic defense)는 게이 패닉 방어의 트랜스 판본이라고 불리는 경향이 있기에 따로 설명이 필요 없다고 생각할 수도 있다. 실제 게이 패닉 방어와 트랜스 패닉 방어는 모두 피해자가 가해자의 이성애-남성 정체성을 위협해서 살해되었다는 논리를 취한다는 점, 앞서 말했듯 이성애 규범을 논의의 밑절미 삼고 있다는 점에서 상당히 유사하다. 하지만 트랜스 패닉을 정당화하는 방어 논리는 게이 패닉을 정당화하는 방어 논리와 상당히 다르며 트랜스 패닉 방어에서 중요하게 다루는 쟁점 역시 존재한다.

트랜스 패닉 방어는 가해자 남성이 연애나 성관계의 대상으로 '여성'을 만났는데 '알고 보니' 그 여성이 태어날 때 남성으로 지정받았으며 음경 형태의 외부 성기가 있는 사람이라는 사실에 충격을 받아 패닉 상태에서 자기를 방어하기 위해 살해했다는 주장이다. 트랜스 패닉 방어의 피해자는 많은 경우에 mtf/트랜스여성이지만 ftm/트랜스남성을 살해하고서 트랜스 패닉 방어를 주장하는 경우도 있다. 킴벌리 피어스(Kimberly Peirce) 감독의 영화 〈소년은 울지 않는다(Boys Don't Cry)〉(1999년)로도 유명한 브랜든 티나/티나 브랜든(Brandon Teena/Teena Brandon) 살해 사건이 대표적이다. 1993년 미국 네브래스카 지역에서 두 남성이 그 마을에 찾아온 브랜든 티나 혹은 티나 브랜든으로 알려진 인물과 남성 간의 우정을 나누며 친하게 지냈다. 하지만 브랜든이 태어날 때 여성으로 지정받은 사람임을 알게 되자 그 둘은 브랜든을 성폭행한 후 살해했다. 1급 살인인 모살죄로 기소된 두 가해자는 법정에서 브랜든의 젠더와 외부 성기 형태가 일치하지 않는 트랜스젠더라는 점에 기만당했고 그로 인해 충격받아 살해했다며 자신들의 행동을 정당화했다.[17] 이 전략이 성공했는지 실패했는지와 상관없이 ftm/트랜스남성을 살해한 가해자들도 이 사건에서처럼 트랜스 패닉 방어 전략을 동원하기도 한다. 그런데도 트랜스 패닉 방어를 다루는 대다수 논문이 mtf/트랜스여성을 살해한 사건에 집중하는 경향이 있다.

앞서 언급했듯이 트랜스 패닉 방어 전략이 등장한 배경은 게이 패닉 방어 전략이 등장한 배경과 차이가 있는데 이것은 게이와 트랜스젠더라는 정체성이 야기하는 차이와도 관련이 있다. 게이 패닉 방어 전략은 남성으로 인지된 사람이 가해자에게 성적으로 접근했(다고 가해자가 주장하)고 이에 가해자가 충격을 받아 살해했다는 논리 구조를 취한다. 즉 두 사람이 만나고 살인 사건이 발생하는 과정에 그리 긴 시간이 걸리지 않는다. 반면 트랜스 패닉 방어 전략이 등장하는 사건은 가해자와 피해자가 만났을 때부터 사건이 발생하기까지 어느 정도 시간이 필요하다. 가해자와 피해자는 며칠간 연애를 할 수도 있고 친밀한 관계를 형성할 수도 있다. 때론 성적 관계를 맺기도 한다. 살인 사건은 두 사람이 성적 관계를 맺는 과정에서 피해자의 외부 성기 형태를 가해자가 인지할 뿐만 아니라 이 사실을 다른 사람이 알게 될 것이라는 두려움, 자신이 '게이 섹스'를 했다고 알려질 것이란 두려움이 생길 때 발생한다.

게이 패닉 방어와 트랜스 패닉 방어는 가해자가 자신이 다른

---

17) Susan Stryker, "(De)Subjugated Knowledges: An Introduction to Transgender Studies", *The Transgender Studies Reader*, Ed. Susan Stryker and Stephen Whittle, NY: Routledge, 2006, p. 10.

사람들에게 게이로 보이거나 이성애 남성성을 의심받을까 두려워 살인을 했다고 주장한다는 점에서는 유사하다. 하지만 게이 패닉 방어 사건이 피해자가 남성으로 보이는 사람이라는 점만으로 살해된 것이라면, 트랜스 패닉 방어 사건은 피해자가 여성으로 보이는데 '여성의 몸'이라는 사회적 상상력 혹은 지배 규범에 부합하지 않는다는 이유로 살해된 것이다. 즉 트랜스 패닉 방어는 섹스와 젠더를 강제로 등치시키는 문화적 규범, 다시 말해 남성형(여성형) 외부 성기 형태를 지녔거나 태어날 때 남성(여성)으로 지정받은 사람은 일평생 남성(여성)으로 살아가고, 겉모습을 봤을 때 여성(남성)으로 통하는 사람은 외부 성기 형태 역시 여성형(남성형)일 것이라는 강력한 믿음 체계로 인해 발생한다. 그리고 게이 패닉 방어와 다른 트랜스 패닉 방어의 중요한 쟁점은 바로 이 믿음 체계에서 발생한다.

섹스와 젠더의 '불일치' 혹은 이성애-이원 젠더 규범의 '위반'을 근거로 삼아 구성되는 트랜스 패닉 방어 전략에서 가해자는 피해자가 자신을 기만하고 속였다고 주장한다.[18] 피해자가 트랜

---

18) Talia Mae Bettcher, "Appearance, Reality and Gender Deception: Reflections on Transphobic Violence and the Politics of Pretence", *Violence, Victims, Justifications: Philosophical Approaches*, Ed. Felix O Murchadha, Oxford: Peter Lang, 2006, p. 183; Moya Lloyd, "Heteronormativity and/as Violence: The 'Sexing' of Gwen Araujo", *Hypatia* 28.4, 2013, p. 827; Morgan Tilleman, "(Trans) Forming the Provocation Defense", *The Journal of Criminal Law & Criminology* 100.4, 2010, p. 1669.

스젠더인데 이 사실을 가해자에게 미리 밝히지 않아 사건이 발생했으니 피해자의 잘못이라며 피해자를 비난하는 주장이다. 이러한 주장은 패닉 방어와 별개로 트랜스 혐오 역사에서 매우 오래된 논리이기도 하다. 트랜스 혐오자에게 이론적 근거를 제공했을 뿐만 아니라 트랜스 혐오의 논리를 집대성한 재니스 레이먼드(Janice Raymond)는 1979년에 출판한 단행본에서 가짜 여성이라고 할 mtf/트랜스여성은 성전환 수술을 통해 진짜 여성처럼 행동하며 진짜 여성의 몸을 전유(appropriate)하고 인공물로 만들어 여성의 몸을 강간한다고 주장했다. 그러면서 "강간은, 대개 강압으로 이뤄지지만, 기만으로도 이뤄질 수 있다."며 mtf/트랜스여성이 비트랜스여성에게 저지르는 기만은 그 자체로 강간이라는 논리를 폈다.[19] 기만이라는 표현은 트랜스를 혐오하고 부인하고 부정하고 비난하는 데 매우 중요하다. 트랜스를 혐오하는 측면에서 기만이라는 용어를 선택하는 것은 오래된 트랜스 혐오 감정을 환기하고 트랜스를 가해자로, 폭력적 존재로 만드는 작업이다. 그리고 트랜스 패닉 방어 전략은 외모를 통해 타인의 섹스(혹은 외부 성기 형태)와 젠더(혹은 겉으로 인지되는 이원 젠더 범주)를 즉시 그리고 어떤 실수 없이 파악할 수 있으며 이 둘은 언제나 등치한다는 이성애-이원 젠더 규범을 위반하는 것이

---

19) Janice G. Raymond, *The Transsexual Empire: The Making of the She-Male*(original 1979), Teachers College Press, 1994.

바로 기만이라고 주장한다.

이 주장에 따르면, 젠더 표현은 실제 섹스가 무엇인지를 반영하는 스크린으로 작동하며[20] '관객/가해자'는 스크린에서 본 것으로 완벽한 진실(외부 성기 형태, 유전자 구성, 호르몬 비율, '진짜' 젠더 등)을 알았다고 말할 수 있는 근거가 된다. 특히 외부 성기 형태는 섹스-젠더의 진실을 드러내는 증거이자 근간이며 젠더 표현과 실천은 외부 성기 형태에 부합해야 한다. 외부 성기 형태와 젠더 표현 방식이 부합하지 않는 실천은 이성애-이원 젠더 규범을 위반하는 행위일 뿐만 아니라 약속을 파기하는 행위, 다른 사람을 속이는 행위가 된다. 여기서 mtf/트랜스여성을 살해한 많은 가해자가 사실은 "나야말로 기만당하고 사기당한 진짜 피해자"라고 주장할 수 있다. 트랜스 패닉 방어 전략은 황당한 소리처럼 들릴 수도 있지만 사실 철저하게 규범적이고 '합리적인' 주장이다. 이 전략의 바탕에 깔린 트랜스 혐오 논리에 따르면, 가해자의 행동과 주장은 개인적 일탈이 아니며 규범에 부응하는 행동 범위를 벗어난 것이 아니다. 가해자는 규범을 위반한 존재, 사회적 약속을 어긴 존재를 '처벌'한 것일 수도 있기 때문이다. 그러므로 특정 사회에서 어떤 경험과 몸의 형태를 '합리적'이거나 '규범적'이라고 인식하는지를 근본적으로 질문하지 않는다면 트랜스 패닉 방어나 게이 패닉 방어는 지속될 수밖에

---

20) Bettcher, 앞의 글, p. 181.

없고, 비록 살인이라는 행위 자체는 잘못이라고 해도 그 정당성이 법적으로 승인될 수밖에 없다.

혐오를 통해 이성애-이원 젠더 구성하기: 대구 트랜스 패닉 방어 사건

이 글 서두에서 인용한 사건, 즉 2010년 5월 말 대구에서 발생한 사건을 두고 대다수 언론은 다음과 같이 보도했다. "애인이 트랜스젠더라니⋯ 격분 살해"(《한국일보》, 2010년 5월 28일자), "'내 여친이 트랜스젠더?' 연인 목졸라 살해"(《노컷뉴스》, 2010년 5월 28일자), "연애 상대가 트랜스젠더인 것에 격분 살해"(《뉴시스》, 2010년 5월 28일자). 다시 사건을 간략히 요약하면, 가해자는 4년가량 교제했던 연인이 mtf/트랜스여성임을 우연히 알게 되었고 이에 격분하여 그 여성을 살해했다. 이 사건 가해자가 내세운 논리는 앞에서 논했듯 전형적인 트랜스 패닉 방어에 해당한다. 피해자가 mtf/트랜스여성이 아니었다면 살인 사건이 발생하지 않았을지도 모른다는 것이다. 트랜스젠더는 존재 자체로 살인을 야기한 원인으로 구성되었다. 여기서 주목할 점은 언론이 이 사건을 보도하는 과정에서 가해자의 주장과 입장을 여과 없이 유포했다는 점이다.

대구에서 발생한 사건을 좀 더 구체적으로 살펴보기 위해 다른 유명한 트랜스 패닉 방어 사건의 피해자인 그웬 아라우조의 경우를 살펴보자. 아라우조는 태어날 때 남성으로 지정받았으며 에드워드라는 이름으로 불렸지만, 10대 중반에 호르몬 투여를 시작하면서 그웬으로 이름을 바꿨다. 2002년 여름 17살이 되던 해, 아라우조는 마이클 매깃슨과 호세 머렐을 만났고 이들과 친밀한 관계를 맺었다. 아라우조는 이들 각자와 성관계를 맺었는데 그때마다 자신이 생리 중이라고 말해서 외부 성기 형태를 감추었다고 한다. 시간이 지날수록 매깃슨과 머렐은 아라우조가 여성이 맞는지 의심하기 시작했다. 그해 10월 아라우조는 머렐 형제가 주최한 파티에 참석했는데 그곳에서 매깃슨과 머렐은 아라우조의 외부 성기 형태를 확인하고자 했다. 하지만 직접 확인할 수는 없었기에 호세 머렐의 형인 폴의 여자 친구 니콜 브라운이 대신 아라우조의 외부 성기 형태를 확인했다. 브라운이 아라우조의 외부 성기가 음경 형태임을 확인하고 소리를 지르자 매깃슨과 머렐을 비롯해 파티에 참가한 남성들이 분노하며 아라우조를 폭행하기 시작했다. 그들은 주먹질과 발길질을 하고 프라이팬과 깡통으로 아라우조를 구타했고 아라우조는 의식을 잃었다. 이후 매깃슨과 머렐 일행은 네 시간 거리의 산으로 피해자를 싣고 가 매장했고 햄버거 매장으로 아침을 먹으러 갔다.[21]

  법정에서 매깃슨의 변호사는 매깃슨이 아라우조가 트랜스

---

21) 아라우조와 관련한 기본 사실은 Lee, 앞의 글과 Steinberg, 앞의 글을 참고하여 정리했다.

젠더임을 알고 충격받아 패닉 상태에서 살인했기에 1급 살인인 모살(murder)이 아니라 2급 살인인 자발적 고살(voluntary manslaughter)이라며 감형을 주장했다. 변호사는 계속해서 이 사건이 매깃슨 일행에게 트랜스에 대한 어떤 편견이 있어서 발생한 것이 아니라 아라우조의 행실에 원인이 있다고 하면서 아라우조가 자신의 섹스-젠더와 관련된 진실을 밝히지 않아 발생한 사건이기에 살인의 책임이 아라우조에게 있다고 주장했다. 트랜스 패닉 방어의 특징을 그대로 반복하듯, 변호사는 mtf/트랜스 여성인 아라우조가 자신이 트랜스란 점을 밝히지 않은 것은 다른 사람을 기만하는 행위에 해당하며 이런 거짓이 밝혀졌을 때 가해자('합리적 일반' 남성)라면 당연히 분노하고 패닉에 빠질 수밖에 없다며 이 살인은 합리적 자기 방어라고 주장했다. '보통' 남성이라면 자신의 이성애-남성성을 지키기 위해, 게이가 아님을 입증하기 위해, 게이라는 의심을 받지 않기 위해 살인하는 경우는 충분히 있을 수 있다는 주장이기도 하다.[22]

가해자의 패닉 방어 전략은 상호 신뢰에 대한 배신을 중요한 원인으로 내세우기도 한다. 형법학자 브래드퍼드 비글러(Bradford Bigler)는 패닉 방어와 결혼한 이성애 부부 사이에서 발생하는 외도 행위를 예로 들며, 이것은 상대방에 대한 "신뢰를

---

22) Cynthia Lee & Peter Kwan "The Trans Panic Defense: Heteronormativity, and the Murder of Transgender Women", *Hasting Law Journal* 66, 2014, pp. 77~132.

배신"하는 행위라고 주장한다.[23] 이런 배신은 배신당한 상대에게 심각한 충격을 주기에 살인도 가능하다는 것이 그의 주장이다. 아라우조 사건을 직접 논한 비글러는 피고들이 "아라우조가 수행한 젠더화된 역할(여성)과 그녀의 해부학적 섹스(남자) 사이의 명백한 충돌에 반응(reaction)"한 것이며, 아라우조의 기만, 아라우조에게 음경이 있다는 사실이 "피고들을 벼랑 끝으로" 내몰았다고 주장했다.[24] 즉 가해자의 살인은 피해자의 기만, 신뢰에 대한 배신, 거짓 재현(misrepresentation)에 대한 반응이라는 것이다. 비글러의 이러한 주장은 트랜스젠더가 아예 존재할 수 없도록 만든다. 이 논리는 젠더 표현과 몸의 형태는 언제나 이성애-이원 젠더 규범에 부합하는 방식으로만 존재할 것을 요구하며, 모든 사람은 여성 아니면 남성이라는 젠더 이분법에 저항하는 존재인 젠더퀴어의 가능성을 완전히 삭제한다. 아울러 트랜스젠더가 의료적 조치를 받는 데 필요한 긴 시간을 인정하지 않으며, 마법처럼 한순간에 바뀔 것을 요구한다. 이 요구는 불가능할 뿐만 아니라 젠더 표현과 몸의 형태를 규범에 맞춰 일치시키지 않는다면 공적 영역에 등장해서는 안 된다는 명령이다. 그러므로 이 요구는 공적 젠더 규범을 안전하게 유지하려는 실천이기도 하다.

---

23) Bradford Bigler, "Sexually Provoked: Recognizing Sexual Misrepresentation as Adequate Provocation", *UCLA Law Review* 53, 2006, p. 812.
24) Bigler, 앞의 글, p. 798.

그런데 비글러의 주장은 역설적으로 트랜스 패닉 방어가 안전 이별을 둘러싼 쟁점과 매우 긴밀하게 연결되어 있음을 보여준다. 비글러가 신뢰를 배신하는 행위라는 논리를 주장할 때 이 논리는 여자 친구의 이별 통보에 충격받아 감금하고, 염산을 뿌리고, 구타하고, 성폭행했다는 가해자 남성의 논리를 정당화한다. 연애는 결혼처럼 제도화된 관계가 아니며, 연애의 시작이 '검은 머리 파뿌리 되도록' 일평생을 함께할 근거가 되지 않으며 연애를 하며 '평생 함께하자'는 밀어를 속삭였다고 해서 이것이 정말로 평생 함께해야 할 절대적 약속이나 근거가 되지는 않는다. 결혼 역시 마찬가지다. 그럼에도 이별 통보는 가해자의 입장에서 '배신'으로 인식되고 가해자를 '벼랑 끝으로' 내몰 정도의 충격이 될 수 있다. 이별 폭력 가해자의 논리가 정당하다는 것이 아니라 트랜스 패닉 방어에서 가해자의 논리와 매우 유사하다는 점을 말하고 싶다. 더 정확하게 비글러의 황당한 논리는, 아이러니하게도 이별 폭력과 패닉 방어 사건이 동일한 논리 구조에 있음을 말해준다.

현재 한국 사회에서 구조적 차별과 관련한 논의는 종종 mtf/트랜스여성이 비트랜스여성보다 더 많은 억압을 겪는다거나, 비트랜스여성이 mtf/트랜스여성보다 더 많은 억압을 겪는다는 식으로 고통을 경쟁하는 경향이 있다. 또한 mtf/트랜스여성의 억압을 말하면 비트랜스여성의 억압을 말할 수 없다는 식으로 서로의 고통을 상호 배타적으로 설명하기도 한다. 하지만 고통과 차별, 억압을 경쟁적이고 상호 배타적으로 이해하면 폭력과 혐오와 억압의 중층적이고 교차하는 구조를 놓치게 된다. 연애 관계에서 이별 통보가 '두 사람 사이의 신뢰 관계에 배신'이라면 트랜스젠더라는 사실을 밝히지 않는 행위는 사회적 젠더 규범 혹은 젠더를 둘러싼 사회적 믿음을 '배신'하는 행위로 재구성할 수도 있다. 이렇게 재구성한다면, 두 행위를 '배신'(혹은 기만)으로 이해하도록 만드는 사회 구조, 사회적 믿음 체계를 다시 질문할 수 있다. 나아가 안전 이별은 트랜스젠더 특히 mtf/트랜스여성에게도 생존이 달려 있다는 점에서 매우 중요한 문제이다. 또한 트랜스 패닉 방어를 비판하는 작업은 비트랜스여성의 젠더 실천을 규제하는 다양한 젠더 규범을 문제 삼는 작업이라는 점에서 매우 중요하다. 즉 안전 이별 의제와 트랜스 패닉 방어는 많이 겹쳐 있는 의제인 동시에 트랜스와 무관할 것 같거나 비트랜스와 무관할 것 같은 문제가 서로 긴밀하게 얽혀 있음을 말해준다.

이제 대구에서 발생한 트랜스 패닉 방어를 살펴보자. 가해자 박모 씨는 1심 재판 과정에서 "피해자가 여장남자라는 사실을 알게 되어 격분한 나머지 피해자를 폭행했지만 살해하려는 의도는 없었"다고 주장했다.[25] 2심 재판에서도 항소 이유를 "피해자가 트랜스젠더인 사실을 뒤늦게 알고 이에 격분하여 우발적으로

---

25) 대구지방법원 2010고합281

사건 범행을 저지른 것"이었다고 내세웠다.[26] 결국 가해자 박모 씨는 대법원까지 소송을 가져갔다.[27] 가해자는 일관되게 피해자가 트랜스젠더라는 점을 뒤늦게 알고 격분하여 (아마도 패닉 상태에서) 살인 의도 없이 우발적으로 살해했다며 과실치사를 주장했다. 이 논리를 통해 자신이야말로 진짜 피해자라는 서사를 구성했고 언론은 가해자의 논리를 그대로 인용하여 보도했다.

그러나 판결문을 통해 확인할 수 있는 사건의 구체적 내용은 가해자의 주장과 다소 다르다. 1심과 2심 판결문을 종합하면 사건의 전말은 다음과 같다. 가해자와 피해자는 약 4년 전에 PC방에서 만났는데, 그 당시부터 가해자는 피해자가 mtf/트랜스여성 혹은 여장남자라는 점을 알고 있었다. 당시 잠시 교제를 하다가 한동안 연락이 끊겼고 사건 발생 며칠 전 우연히 다시 연락이 닿았다. 사건 당일 아침 6시쯤 다시 만난 그들은 "구강, 항문 성교를 한 후" 식당으로 가서 함께 식사를 했다. 이후 가해자의 차를 함께 타고 가다 주유소에서 기름을 넣은 가해자가 피해자에게 주유비 계산을 요구했지만 피해자는 이를 거부하고 차에서 내렸다. 이에 '앙심'을 품은 가해자는 그날 저녁 피해자를 찾아가 "돈이 있나 없나 보자"고 말하며 가방을 뒤졌고 그 과정에서 피해자를 구타했다. 강도 전과가 있는 가해자는 피해자의 동

---

26) 대구고등법원 2010노391
27) 대법원 2010도15910

료에게 사건이 "발각될 것이 두려운 나머지 …… 피해자를 여관 밖으로 데리고 나가 피해자를 인적이 드문 장소로 가서 살해하기로 마음을 먹었다." 그리고 후에 피해자의 시신이 발견된 장소로 이동하여 피해자를 살해했다.[28]

실제로 이 사건에서 피해자가 트랜스젠더 혹은 mtf/트랜스여성이라는 점은 사건의 발생 원인이 아닐 뿐만 아니라 가해자가 체포되기 전까지는 특별하게 의미 있는 사실이 아니었다. 재판 과정에서 밝혀진 사건 발생의 '계기' 혹은 '원인'은 피해자가 트랜스젠더인 것이 아니라 주유비를 내지 않았다는 점이다. 살인의 직접 '원인'은 이미 전과가 있는 가해자가 자신의 범죄 행위가 타인에게 발각될까 두려워하는 감정이었다. 즉 피해자가 트랜스젠더라는 점은 가해자와 피해자가 만나는 계기가 되었을 수는 있어도 살인 사건과는 전혀 무관하다. 하지만 가해자는 체포 직후 트랜스 패닉 방어를 주장했다. 물론 가해자는 데이트를 하고 성관계를 가질 때에도 트랜스젠더인 피해자를 부정적으로 생각하고 얕잡아 봤을 수는 있다. 하지만 수사 과정에서 가해자가 밝힌 진술과 정황에 따르면 살인 사건이 발생하는 과정에서 트랜스 혐오는 개입되지 않았다. 혐오는 체포 직후 등장한 감정이다. 체포된 후 가해자는 어떻게든 감형을 꾀하기 위해, 자신의

---

28) 이 문단의 내용 및 직접 인용은 모두 1심 재판 판결문(대구지방법원 2010고합281)과 2심 재판 판결문(대구고등법원 2010노391)을 참고했다.

이득을 위해 혐오를 채택했다.

혐오의 사후 구성, 사후 채택은 놀랍지 않은데 게이 패닉 방어 및 트랜스 패닉 방어에서 빈번하게 발생하기 때문이다. 아라우조 살인 사건 역시 가해자들은 모두가 처음부터 아라우조가 트랜스젠더라는 점을 알고 있었는데도 아라우조와 성관계를 맺었다는 사실이 발각될까 두려워 트랜스 패닉 방어를 주장했다는 주장도 있다. 다른 트랜스 패닉 방어 사건에서도 가해자는 피해자와 함께 다른 일로 법정에 갔을 때 피해자가 트랜스젠더라는 점을 알았으면서도, 나중에 피해자를 살해한 후에는 패닉 방어를 주장했다.[29] 또 다른 경우, 가해자가 먼저 피해자에게 구강 성행위를 요구하고서는 피해자를 살해한 뒤 패닉 방어를 주장했는데, 패닉 방어에서는 이런 경우가 빈번하다. 이와 관련해 가장 유명한 사건은 1998년 매튜 셰퍼드의 경우다. 가해자 중 한 명은 셰퍼드가 자신을 동성 성애적으로 유혹했다며 셰퍼드를 구타하고 목장 울타리에 묶어 셰퍼드가 죽어 가도록 방치하였다. 가해자들은 셰퍼드가 자신들을 유혹했고 이로 인해 큰 충격을 받아 자기 방어 차원에서 폭력을 행사했다고 주장했다. 이들은 결국 구속되었는데, 몇 년 뒤 한 기자가 감옥에 있는 이들을 방문하여 인터뷰를 했을 때 가해자 중 한 명은 자신이 평소에도 게이바에 출입했는데 자신이 게이바에 출입한다는 사실이 밝혀

---

29) Tilleman, 앞의 글, p. 1661.

질까 두려워 셰퍼드를 구타하고 살해했다고 말했다. 즉 혐오라는 감정은 성소수자 같은 특정한 범주의 피해자를 만나는 즉시 발생하는 자연스러운 감정이 아니다. 혐오는 가해자가 자신의 규범성을 증명해야 하는 방어적 상황일 때 지배 규범을 인용하면서 그 형태를 갖추고 정당성을 획득한다.

대구에서 발생한 사건에서 가해자 박모 씨가 정말로 트랜스젠더를 혐오했다면 가해자는 피해자와 성관계를 맺지 않았을 것이다. 만약 트랜스 패닉을 정말로 겪었다면 살인은 사건이 발생한 2010년 5월 23일 저녁이 아니라 오랜만에 만난 날인 23일 아침이나 처음 만났다는 2006년에 발생했어야 한다. 하지만 가해자는 피해자를 만나는 과정, 성관계를 맺는 과정, 그리고 피해자를 구타하고 살해하는 과정에서 트랜스 패닉을 겪지 않았다. 가해자는 자신의 범행이 발각될 것을 두려워했고 그래서 거주 지역에서 도주했는데 도주 과정에서 혹은 체포 직후 어떻게든 감형을 받고 싶다는 욕심이 생겼을 수도 있다. 아울러 피해자와 친밀한 관계였음이 밝혀진다면 가해자 자신의 남성성이 의심받거나 '게이'로 '오인'될까 봐 두려웠을 수도 있다. 패닉 방어는 피해자와의 관계가 아니라 살인 사건이 발생하고 그 사건을 어떤 식으로든 '해결'하는 과정에서 발생하며 정확하게 이 지점에서 혐오는 가해자의 유용한 도구로 등장한다. 이 과정에서 마치 혐오의 원인, 사건의 원인, 모든 잘못의 원인은 피해자 혹은 트랜스젠더에게 있다는 서사가 등장한다.

이 서사는 언론의 보도 행태를 통해 그대로 드러난다. 가해자가 트랜스 패닉 방어를 주장했을 때 언론은 이를 그대로 받아적었다. 기사를 통해 친밀하거나 성애적 관계인 상대방이 트랜스젠더라면 이는 매우 충격적 사건이며 그 충격이 때로 살인을 야기할 수 있다는 인식을 적극 재/생산하고 유포했다. 만약 언론에게 혹은 언론에 종사하는 개개인에게 가해자의 주장이 말도 안 되는 황당한 것이었다면 기사에서 가해자의 발언을 그대로 전하지 않았을 것이다. 특히 가해자의 주장만 전하는 것은 언론 보도의 기본 원칙에 위배된다. 반드시 반론을 게재할 의무가 있기 때문이다. 하지만 언론은 그렇게 하지 않았다. 살인이라는 행위 자체에는 동의하지 않는다고 해도, 가해자가 주장하는 패닉 방어를 언론 역시 그럴 수 있는 일로 받아들였기에 '반론'이 존재할 수 있는 일이라고 인식하지 않은 듯하다.

그런데 대구에서 발생한 사건의 가해자는 왜 혐오와 이성애-이원 젠더 규범을 인용해야 했을까? 만약 이 사건이 처음부터 트랜스 혐오 범죄가 아니라 강도살인 범죄로 구성되었다면 가해자는 자신의 범주를 어떻게 설명해야 했을까? 여전히 트랜스젠더를 낯설어하는 한국 사회에서 트랜스젠더를 선호하거나 애호하는 사람(트랜스러버)과 트랜스의 파트너는 낯선 존재다. 하리수의 전남편을 게이라고 부르는 이들이 있듯, 이성애자 트랜스젠더의 파트너를 동성애자로 여기거나 성적으로 문제가 있는 존재로 보는 인식 역시 강고하게 작동하고 있다. 또한 트랜스에게 애인이나 파트너가 있다고는 상상도 못 하는 경우도 많다. 이런 사회 분위기에서 mtf/트랜스여성과 성관계를 맺었다는 점이 밝혀진다면 가해자의 성적 지향 혹은 젠더 범주 자체가 '의심'받을 수 있다. 트랜스와 관련한 사건에서 가해자를 '게이'로 여기며 동성애 혐오가 작동한다는 뜻이다. 그래서 이 사건을 강도살인 사건이 아니라 트랜스 혐오 범죄로 재구성할 경우, '트랜스 패닉 방어'로 정상 참작을 노릴 수 있을 뿐만 아니라 가해자가 이성애-이원 젠더 규범에 부합하는 존재라는 점을 공표할 수 있다. 다른 많은 가해자처럼 "나는 게이가 아니다."라는 강력한 선언이다. 이 선언은 트랜스 혐오가 동성애 혐오와 매우 긴밀하게 얽혀 있음을 말해주고, 이를 통해 혐오는 단 한 가지 형태로 구성되는 것이 아니라 조금씩 다른 종류의 혐오가 중첩되어 작동함을 확인할 수 있다.

또한 mtf/트랜스여성과 만나는 것을 선호하는 트랜스러버의 경우, 성관계시 자신이 삽입하기도 하지만 mtf/트랜스여성에게 삽입해줄 것을 요구하고 이를 선호하는 경우도 있다. 트랜스러버가 mtf/트랜스여성을 찾는 이유는 '음경'이라고 불리는 형태의 신체 기관이 있기 때문이다. mtf/트랜스여성의 '음경'이라 불리는 기관은 mtf/트랜스여성을 향한 혐오의 근거로 작용하기도 하지만 성 구매자가 트랜스젠더를 선호하는 이유이기도 하다.[30] 그래서 한국의 이태원에서 일하는 한 트랜스젠더는 돈을 벌려면 음경이 있어야 하고, 여성이 되려면 음경을 없애야 한다고 말하기도 했다. 이럴 때 트랜스젠더와 성적 관계를 맺는다는 것은 비트랜스남성이 mtf/트랜스여성의 외부성기(혹은 소위 남성의 성적 기관이라고 말하는 '음경')를 성적 도구로 사용했을 수도 있음을 암시한다. 이럴 때 가해자는 피해자의 "성별을 알 수 있는 접촉"을 하지 않았다고 주장해야 할 뿐만 아니라 경찰서나 재판정에서 진술할 때 사건을 트랜스 패닉 방어 논리로 설명하는 것이 매우 중요하다. 트랜스젠더를 혐오하는 사회 분위기, 가해자의 발언을 그대로 받아쓰는 언론의 태도, 트랜스젠더 애인은 충격 그 자체라는 인식은 가해자에게 매우 유리한 조건일 뿐만 아니라 트랜스 패닉 방어 사건이 결코 단독범으로 진행될 수 없는, 사회 구성원이 공모한 사건임을 강하게 시사한다.

규범을 질문하기

혐오 그리고 혐오 폭력은 그 행위를 가능하게 하는 문화적, 사회적 토대에서 가능한 일이다. 그렇기 때문에 혐오 폭력은 반

---

30) Richard A. Crosby & Nicole L. Pitts, "Caught Between Different Worlds: How Transgendered Women May Be 'Forced' Into Risky Sex", *Journal of Sex Research* 44.1, 2007, pp. 43~48; Khartini Slamah, Sam Winter, and Kemal Ordek, "Stigma and Violence Against Transgender Sex Workers", *RHRealityCheck.org*, 2010; Martin S. Weinberg, Frances M. Shaver, and Colin J. Williams, "Gendered Sex Work in the San Francisco Tenderloin", *Archives of Sexual Behavior* 28.6, 1999, pp. 503~521.

사회적 행동이 아니라 규범을 체화하는 행동이자 이성애-남성성을 입증하는 실천이다. 특히 패닉 방어는 가해자에게 정당성을 부여할 뿐만 아니라 피해자 유발론을 강화하고, LGBT/퀴어를 향한 사회적 편견, 부정적 감정 등을 재생산한다는 점에서 많은 연구자는 법정에서 패닉 방어 전략을 금지해야 한다고 주장한다.[31] 실제 아라우조 살인 사건이 발생한 뒤 미국 캘리포니아주는 법정에서 패닉 방어 전략 혹은 피해자 유발론을 사용하지 못하도록 하는 법을 제정했다.

하지만 패닉 방어를 논하는 모든 연구자나 활동가가 법으로 패닉 방어 전략을 금지해야 한다고 주장하지는 않는다. 리는 패닉 방어 전략 금지는 우회 전략을 활성화할 뿐 패닉 방어 전략을 막지 못한다고 주장한다.[32] 그렇기 때문에 패닉 방어 전략을 금지하는 것이 아니라 피고의 변호사가 패닉 방어 전략을 사용한다면 검사가 이를 분명하게 지적하여 배심원과 판사가 패닉 방어 전략에 동조하지 않도록, 그것이 혐오 발화임을 환기시키는 것이 더 효과적이라고 논한다. 한국에서 검사가 이런 역할을 할 수 있을 것인가와 상관없이, 금지법이 정말로 패닉 방어를 금지할 수 있는지는 회의적일 수밖에 없다. 리의 주장에 동의하는 변호사 데이비드 앨런 퍼키스(David Alan Perkiss)는 반편견 범죄

31) 류병관, 앞의 글; Mison, 앞의 글; Steinberg, 앞의 글; Tilleman, 앞의 글.
32) Lee, 앞의 글; Lee & Kwan, 앞의 글.

법을 만들거나 패닉 방어를 금지하는 법을 제정하는 조치는 오히려 위험하다고 주장한다. 이런 법은 "지배적인 몸의 섹스 이분법(남자와 여자), 젠더 이분법(남성성과 여성성), 그리고 성적 지향 이분법(이성애와 동성애)에 관한 제한된 서사를 적법화"하기 때문이다.[33] 즉, 금지법은 LGBT/퀴어의 몸과 삶, 경험을 특정한 방식으로 제한하고 그 제한에 부합하는 방식으로 법정에서 증언할 것을 요구한다. 가해 행위를 규정하는 법은 폭력이나 범죄를 처벌하기보다 피해자 혹은 법의 구제 대상을 더욱 규제하고 축소하며 나아가 피해자 혹은 퀴어를 체제에 순응하는 '적절한 피해자'로 만들고 법 규정에 적합한 주체가 되도록 한다.

그렇다면 혐오와 혐오 폭력에 어떻게 대응해야 할까? 패닉 방어가 수용되어 가해자가 감형되고 이를 통해 LGBT/퀴어를 향한 사회적 혐오가 승인될 때에도 이를 받아들여야 할까? 패닉 방어가 인용한 지배적 젠더 규범이 끊임없이 재생산되고 새롭게 생산되는 상황을 지켜봐야만 할까? 아니면 지배 규범을 인용하며 구성되는 패닉 방어가 바로 그 인용 작업을 통해 지배 규범을 어떻게 다시 불안정하게 만드는지를 살펴봐야 할까? 만약 패닉 방어가 한편으로 규범을 인용하는 과정을 통해 바로 그 규범을 불안정하게 만든다면, 젠더 규범을 인용하고 젠더 규범의 내용을 구성하고 갱신하는 패닉 방어는 젠더 규범을 어떻게 불안하

---

33) Perkiss, 앞의 글, p. 805.

게 만들 수 있을까?

　게이 패닉 방어나 트랜스 패닉 방어는 이성애-이원 젠더 규범을 인용하고 이를 공유하는 사회의 공감을 이끌어내며 가해자의 이성애-남성성을 확증하는 역할을 한다. 즉 패닉 방어는 성적 지향이나 젠더 정체성이 구성되는 방식을 이해하는 데 중요한 단서를 제공하고, 그와 관련한 사회적 지식과 정보를 제공한다. 예를 들어 누군가가 양성애자라고 한다면 이 사실은 그 사람과 관련해서 무엇을 알려줄까? 남성과 여성을 동시에 만나는 사람? '난잡한' 성관계를 맺는 사람? 파트너로서 믿을 수 없는 존재? 그러면 누군가가 동성애자라고 한다면 이 사실은 그와 관련해서 어떤 정보를 알려줄까? 또한 누군가가 이성애자라면 이 사실은 그와 관련해서 어떤 정보를 알려줄까? 오늘 처음 만난 사람이 이성애자라는 사실을 알았다고 해서 그의 취미, 좋아하는 음식, 선호하는 소설 장르 등을 알았다고 가정하지 않는다. 누군가가 이성애자라는 사실은 그와 관련해서 아무것도 알려주지 않는다. 그럼 양성애자나 동성애자라면? 양성애자나 동성애자라는 사실은 이것만으로 그 사람에 관해 모든 것을 알았고 더는 알 것이 없다고 인식된다. 마찬가지로 누군가가 트랜스젠더거나 여성 외모에 음경이 있는 사람이라는 점이 그와 관련해서 무엇을 알려줄까? 아무것도 알려주지 않거나 지극히 단편적 정보만 알려줄 뿐이지만 이성애-비트랜스가 아닌 경우엔 그 사실이 압도적이고 절대적인 정보가 된다. 하지만 이러한 '정보'는 개개인의 어떤 특성을 알려주는 것이 아니라 이 사회가 이들을 어떻게 인식하며 이들을 이해하는 데 어떤 인식이 강하게 작동하는지를 알려준다.

게이 남성이 자신을 성적으로 유혹했거나, 음경이 있는 여성과 성관계를 맺었다(혹은 맺을 뻔했다)는 사실이 이성애-남성성을 심각한 위기에 빠뜨릴 뿐만 아니라 끔찍한 공포라는 인식은 게이 범주, 남성 간 성관계, 음경에 사회적 의미가 과도하게 부여되어 있음을 뜻한다. 성관계는 대체로 오직 둘만 있는 공간에서 이루어진다고 가정하기에 상대가 트랜스젠더거나 다른 어떤 젠더 범주여도 그것이 반드시 외부에 알려질 이유는 없다. 본인만 침묵한다면 혹은 서로의 관계를 비밀로 만든다면 문제가 생길 가능성은 극히 적다. 그럼에도 음경 형태의 외부 성기가 있는 사람과 맺는 성관계가 가해자를 게이로 만들 것이라는 공포는 음경에 부여된 사회적 무게를 짐작하게 한다. 음경과 외부성기 및 그 부근의 면적이 인간의 몸에서 차지하는 비율은 1퍼센트 정도겠지만[34] 여기에 부여하는 사회적, 문화적 무게나 면적은 100퍼센트에 달한다.

동시에 음경에 과도한 의미를 부여하는 일은 이성애-남성성이

---

34) 화상 면적 계산법에 따르면 회음부 혹은 외부성기 주변의 부위는 1%로 산정된다. 화재보험협회 https://www.kfpa.or.kr/pdf_file/D/1/D1_1-4.pdf(2018년 1월 23일 접근): 가천대 길병원 응급의료센터 http://er.gilhospital.com/data/life_05.html(2018년 1월 23일 접근) 화상.

매우 취약하며, 살인을 통해서만 입증될 수 있는 매우 불안정한 상태라는 점을 강조한다. 이성애-남성성이 사회 질서이자 기준이며 그렇기 때문에 매우 자연스러운 실천이라면 수많은 가해자가 살인의 이유로 패닉 방어를 동원해야 할 이유가 없고 사회에서 가장 죄질이 나쁜 범죄라고 여기는 살인까지 해 가며 이성애-남성성을 입증해야 할 이유가 없다. 즉 이성애-남성성을 강조하고 입증하고자 하는 이 행위는 이성애-남성성이 사회를 구성하는 기본 질서이자 자연의 질서라는 믿음이 허구임을 가장 분명하게 폭로한다. 이 사회에서 가장 가치 있다고 여겨지는 이성애-남성성은 매우 취약하며 언제나 위기 상태에 처한다. 이럴 때 한 사회의 지배 규범은 정말로 지배 규범일까? 이토록 취약한 지배 규범은 어떻게 지배 규범의 역할을 반복하는 것일까? 결국 지배적 젠더 규범을 인용하며 살인을 정당화하거나 방어하는 가해자의 전략과 행위는 지배 규범을 강화하는 동시에 그 실체를 의심하도록 한다. 주디스 버틀러(Judith Butler)는 규범은 그 자체로 존재하는 것이 아니라 "바로 그 규범의 결과로 작용"한다고 지적했다.[35] 규범은 그 자체로 수행적이며 선행하는 규범은 존재하지 않는다. 이런 측면에서 패닉 방어가 인용하고 패닉 방어를 정당화하기 위해 인용하는 지배 규범은 지배 규범이 아니라 혐오와 폭력을 통해 사후에 지배 규범으로 재구성된 것이다.

---

35) 주디스 버틀러, 《젠더 허물기》, 조현준 옮김, 문학과지성사, 2015, 89쪽.

패닉 방어 전략은 이성애-이원 젠더 규범을 이 사회의 지배 규범으로 인용하며 성립하지만, 이러한 인용 작업은 이성애-이원 젠더 규범이야말로 살인을 해서라도 지킬 가치가 있는 규범이라며 이 사회의 중요한 규범을 구축하는 과정이기도 하다. 규범은 그 자체로 규범이 아니라 무수히 많은 실천을 통해, 그리고 인용되는 과정을 거쳐 규범으로 구성된다. 만약 규범의 이러한 성격을 정확하게 이해한다면, 또 다른 질문을 던질 수 있다. 이성애-이원 젠더 규범은 정말로 규범인가? 이 사회에 동성애 혐오나 트랜스 혐오는 정말로 만연한 현상인가? 이런 질문은 LGBT/퀴어의 삶을 불가능하게 만드는 사회적 조건이나 환경을 부정하는 것이 아니다. 지배 규범으로 인해 겪는 다양한 차별과 억압을 부정하지 않으면서, 대신 지배 규범을 단단하게 만들고 자연스럽게 만드는 행위를 문제 삼고 그리하여 그 규범이 정말로 이 사회의 지배 질서인지를 질문하고자 한다. 그것도 지배 규범으로 인해 차별이나 혐오의 대상이 되는 '우리'가 아니라 지배 규범을 인용하며 혐오를 재생산하고 규범을 수행하는 바로 그 사람들에게 그것이 정말로 지배 규범인지를 입증하라고 요구하는 것이다. 이럴 때 패닉 방어 전략의 피해자, 이별 살인의 피해자에게 책임을 돌리는 것이 아니라 왜 게이나 트랜스라는 정체성, 혹은 이별 통보가 패닉을 야기할 정도였는지 물을 수 있고 '사회적 신뢰'라는 것이 도대체 무엇인지를 피해자와 그 지지자들이 변명하지 않으면서 말할 수 있다.

맺으며

대구에서 발생한 트랜스 패닉 방어 사건의 법적 결말이 궁금할 것 같다. 가해자 박모 씨는 끊임없이 트랜스 패닉 방어를 주장했지만 법원은 반성의 기미가 없고 죄질이 나쁘다는 이유를 들어 징역 15년을 선고했다. 대법원은 가해자의 항소를 기각했다. 즉 한국의 법원은 패닉 방어 전략을 받아들이지 않았다. 하지만 이 결말은 판결문이 공개되었거나 사건을 확인할 수 있는 경우에만 알 수 있다. 트랜스를 살해하는 사건은 상당히 자주 발생하며 많은 경우 언론에 보도도 되지 않는다. 그러니 트랜스젠더를 살해한 사건에서 가해자가 법정에서 어떤 전략을 펼쳤는지는 확인할 수 없다.

패닉 방어 관련 논의가 활발한 미국은 배심원 제도를 통해 패닉 방어 전략이 어느 정도 받아들여지는 편이다. 1960년대부터 패닉 방어 전략이 등장했는데 지금까지 패닉 방어 전략이 언급된다는 사실은 모든 배심원이 패닉 방어 전략을 받아들이지는 않는다고 해도 종종 받아들여진다는 뜻이다. 이 경우 1급 살인이라면 2급 살인으로, 혹은 더 낮은 형량으로 감형되곤 한다. 패닉 방어 전략이 받아들여지기도 한다는 점은, 배심원이 가해자와 피해자 중 누구에게 더 감정 이입을 하는가를 말해준다. 특히 가해자가 백인이고 피해자가 흑인이고 배심원 대부분이 백인으로 구성되어 있다면 어떨까? 실제 이와 유사한 사건이 있었다.

피해자와 가해자 모두 같은 학교의 학생이었으며 태어날 때 남성으로 지정받았다. 피해자는 비백인이었고 여성 복장으로 학교에 등교를 하곤 했으며, 가해자는 백인이었고 네오나치 활동을 했다. 하지만 학교에서 문제아로 찍힌 사람은 피해자였다. 피해자는 가해자에게 사랑 고백으로 볼 수 있는 고백을 몇 차례 했고 그로 인해 가해자는 피해자를 총기로 살해했다. 이 사건이 법정에 갔을 때, 변호사는 피해자가 가해자에게 한 고백이 가해자를 벼랑 끝으로 몰아붙여 총기 사건을 야기했다고 주장했으며 배심원단 일부는 이 주장을 적극 받아들이며 가해자 구제 활동을 펼치기도 했다. 이 사건은 사실상 2010년대, 소수자 인권에 우호적인 지역으로 평가받으며, 법정에서 패닉 방어 사용을 금지한 미국 캘리포니아주에서 발생했다.

패닉 방어 혹은 피해자 유발론은 피해자를 처벌하고 가해자를 구제하며 가해자에게 유리한 사회를 만드는 가장 강력한 도구다. 특히 패닉 방어와 피해자 유발론은 가해자를 피해자로 만들고, 살인 사건의 피해자를 가해자로 만들어 가해와 피해의 관계를 뒤섞는다. 무엇이 가해이고 무엇이 피해일까? 사회적 인식에 따라 살인사건의 가해자가 피해자가 될 수 있고, 무고한 피해자가 가해자에게 살인이라는 중범죄를 저지르도록 유도한 가해자가 될 수 있다. 가해와 피해는 단순한 구도가 아니라 매우 복잡한 역학 관계에 있다. 이때 중요한 것은 가해와 피해를 뒤섞는 작업이 가해자 개인의 일탈적 혹은 지능적 노력에 의해서가 아니라 사회의 지배 규범, 피해자를 향한 사회적 비난과 부정적 인식이 공모해 철저하게 규범적 과정을 통해 성립한다는 점이다. 가해자가 자신을 피해자라고 주장하고 이를 사회가 승인할 때, 혹은 가해자가 피해자에게 받았다고 주장하는 충격을 동정하고 피해자가 가해자를 잘 보살피지 않았다고 비난할 때 이것이 가능하도록 하는 규범은 도대체 무엇이며 이런 규범은 왜 유지되어야 할까? 혹은 이런 규범을 유지하는 데 공모하고 있는 사람들의 책임은 또 어떻게 말할 수 있을까? 이런 질문은 너도 나도 우리 모두가 잘못했고 사회가 공범이라며 책임을 은폐하고자 하는 것이 아니다. 소수 가해자 한두 명을 비난하는 것으로 가해자와 공모했는데도 모든 책임에서 벗어나 있는 사람들의 책임을 분명하게 묻고자 한다. 나아가 패닉 방어나 피해자 유발론을 가능하게 하는 규범은 도대체 어떤 규범이며 이것이 왜 지배 규범이 되어야 하는지를, 피해자가 아니라 이 규범을 적극 활용하는 사람들에게 답하도록 요구해야 한다. 이 요구는 지배 규범, 혹은 다양한 양상에서 발생하는 규범을 자연 질서로 만드는 데 공모하는 대신 그것을 해명하고 설명해야 하는 것, 규명하고 입증해야 하는 것으로 만드는 작업이다.

피해자 정체성의
정치와 페미니즘

정희진 | 여성학/평화학 연구자. 저서에 《혼자서 본 영화》,
《낯선 시선》, 《아주 친밀한 폭력》, 《정희진처럼 읽기》, 《페미
니즘의 도전》이 있으며, 《양성평등에 반대한다》, 《한국여성
인권운동사》, 《성폭력을 다시 쓴다》의 편저자이다. 그 외 50
여 권의 공저가 있다. 300여 편이 넘는 책의 서평과 해제를
썼다.

페미니즘의 대중화와 여성주의 언어

지금으로부터 20년 전, 나는 '제주 4·3 제50주년 기념 국제학술대회'에 참가했다. 그때 4·3사건을 처음 알았다. 고등학교와 대학교 시절 현기영의 《순이삼촌》을 두 번 읽었는데도, 4·3사건을 배경으로 한 소설인지 몰랐다. 맥락 없는 지식이란 이런 것이다. 현장(학살지) 답사도 했다. 내내 모든 것이 충격이었다. 이후 4·3사건은 내 인생의 전환점이 되었다. 사건의 성격 자체도 충격이었지만, 그때 나는 대회에 참가한 '비(非)제주 출신 중산층 지식인'들에게 상처받았다. 그들에게서 '피해자/운동가/연구자'의 위치를 둘러싼 분명한 위계 의식을 느꼈기 때문이다.

나는 내 상처의 '답'을 페미니즘에서 찾았다. 페미니즘은 가장 위계가 덜한 사상이다. 나는 여성으로서 피해 당사자로 살아가고 있으며, 이에 문제 제기를 멈추지 않는 정치적인 인간이기를 원하며, 끊임없는 문제 제기가 곧 지식을 생산하는 방식이라고 믿는다.

2000년대 이후 여성주의는 급속하게 대중화되었다. 반가운 현상이지만, 나는 최근 '일부 페미니스트'의 주장을 보면서 젠더란 무엇인가를 다시 생각하게 되었다. 누가 여성인가? 피해 경험은 자명한 사실이 되는가? 페미니즘은 '사회 정의'인가, '정치적 도그마'인가? (전자라면 논쟁과 투쟁이 필수이지만, 후자는 선언과 비난만으로도 가능하다.) 이 글은 특히 온라인에서 20~30대 여성을 중심으로 하여 활발히 전개되고 있는 '페미니즘의 대중화' 혹은 '부활'이라고 불리는 상황에 관하여, '피해자–운동가–연구자'를 지향하는 나의 고민을 담고 있다.

지난 2015년부터 발생한 일련의 사건들은 한국 사회 곳곳에서 일상적인 젠더 전쟁의 시발점이 되었고, 이 전쟁은 앞으로도 지속될 전망이다. 젠더 전쟁의 양상을 비유하자면, 여성은 '지나치게' 각성한 상태고 남성은 술에 덜 깬 혹은 자신이 술에 취한지도 모르는 상황이라고 할 수 있겠다.

그간의 주요 사건들을 시간 순서대로 나열하면 다음과 같다.

- 2015년 1월, "페미니스트가 싫어서 IS에 가입하겠다"는 글을 남기고 터키로 떠난 '김 군 사건'
- 2015년 2월, 김태훈 "IS보다 무뇌아적 페미니즘이 더 위험해요"라는 칼럼 게재
- 2015년 2월, 이에 분노한 여성들의 "나는 페미니스트입니

다" 선언 운동

- 2015년 4월, 장동민의 여성 혐오와 비하, 이에 대한 여성들의 항의에도 지속된 방송 활동
- 2015년 5월, 일명 '트페미(트위터를 기반으로 하는 페미니스트)'의 등장
- 2015년 6월, 이른바 '진보 논객' 일부가 저질러 왔던 여성에 대한 폭력을 피해 여성들이 잇달아 폭로하고 고소함
- 2016년 5월, '강남역 살인 사건'의 사회적 충격과 여성들의 분노와 각성
- 2016년 7월, 게임 업체 넥슨이 메갈리아 티셔츠를 구매한 여성 성우 김자연을 해고한 사건
- 2015년부터 2017년에 걸친 메갈리아[1]의 등장과 여러 층위로의 분화
- 2017년 '여성 우선'을 주장하는 페미니스트의 활동[2]

위 사항 중 마지막 항목의 여성주의자들은 연대(혹은 절합,

---

[1] 성우 해고 사건 당시 메갈리아 활동의 의미에 관해서는 다음을 참고하라. 정희진, "메갈리아는 일베에 조직적으로 대응한 유일한 당사자", 〈한겨레〉, 2016년 7월 30일자.
[2] 일명 '터프(TERF, Trans-Exclusionary Radical Feminism)'로 불린다. 직역하면 트랜스젠더 여성(특히 남성에서 여성으로)을 배제한 페미니즘이다. 물론, 한국 사회에서 성적소수자 혐오 세력은 이들에 국한되지 않는다. 이들은 '워마드'로 자칭되기도 하고 타칭되기도 하지만, '워마드'와 관련 없는 여성들도 있다. 이 글에서는 특정 세력을 지칭한다기보다 젠더 문제에서 '여성 우선'이라는 일관된 경향성을 띤 이들을 말한다.

articulation)의 정치로서 페미니즘[3]에 반대한다. 이들의 주요 주장은 '여성 우선'인데, 여기서 여성은 어떤 여성인가? 동질적 집단으로서 여성은 가능한가? 이 글은 그동안 여성주의 이론에서 가장 첨예한 논쟁 주제였던 여성의 범주에 관한 (새삼스런) 나의 고민을 담고 있다. 하지만 본격적인 논의에 앞서, 먼저 모든 사회 운동에서 '우선'과 '나중에'의 정치가 가능한가를 질문하고 싶다.

2017년 2월 16일, '정책 공간 국민 성장' 포럼에서 당시 문재인 더불어민주당 대통령 후보가 성 평등 관련 연설을 하던 중 여성 동성애자가 발언을 신청하자 문 후보는 "나중에 말씀드릴 기회를 드릴게요."라고 말했고, 그 자리에 참석한 다른 여성들은 "나중에!"를 반복해서 외쳤다. 나는 문 후보와 그 자리에서 "나중에!"를 외쳤던 여성들에게 문제 제기하려는 것이 아니다. 그보다 나는 한국 사회 운동의 고질적인 어떤 프레임에 관해 말하고 싶다. "나중에!"는 내가 지난 25년간 여성주의 주변에서 일하면서 수없이 들었던 말이다. "성차별은 민족 문제, 노동 문제가 해결된 다음에." 내가 이 말을 '같은' 여성들에게 들을 줄은

---

3) 에네스토 라클라우·샹탈 무페, 《사회 변혁과 헤게모니》, 김성기 외 4명 옮김, 터, 1990. 후기 마르크스주의자이자 페미니스트인 샹탈 무페는 페미니즘이 양성 구도의 젠더에 머물러서는 곤란하며(혹은 불가능하며), 다른 사회적 약자들과 맥락에 따른 연대(일종의 '통일 전선')를 강조하는 논문을 발표해 페미니즘 이론의 전환점을 마련했다.

몰랐다.

'우선/나중에' 정치를 주장하는 이들은 자기 자신이 '선후'의 기준이 된다. 자신의 시간이 당대성(contemporary)이라고 주장하면서, 시대의 유일한 주인공이고자 한다. 그러나 (특히 젠더 문제에서) "누가 우선이고, 누가 나중인가"를 따지는 것보다, 그러한 사고방식 자체가 바로 인간의 위계를 전제한 발상임을 아는 것이 중요하다. 역사는 말한다. 모든 권력의 작동 원리는 배제하는 주체가 누구이며 배제되는 대상이 누구인가에 의해 결정된다는 것을. 그리고 그 권력에 의해 '우선시 되는 여성'의 인권조차 '나중에 실현되는 여성'의 인권에 의해 결정된다는 사실을. 인권에는 경합이 있을 뿐 순서는 없기 때문이다.

'여성 우선'을 지지하는 이들이 페미니즘 언설을 오용하면서 전유(專有)하고 있기 때문에, 나는 이 글에서 기존 페미니즘 개념들을 검토하고자 한다. 이 글은 사회적으로 통용되고는 있으나 서로 다르게 사용하는 여성주의의 대표적 개념들인 '피해', '피해자', '정체성의 정치', '신자유주의'에 대한 나의 입장이다.

거다 러너(Gerda Lerner)의 말대로 여성의 비극은 자기 역사를 부정하거나 무지를 강요당한다는 데 있다.[4] 하지만 지금 한국 사회에서는 여성주의에 대한 무지를 '강요'당한다기보다 당연시하거나, 인문학 전반의 위기 속에서 공부하지 않아도 된다는 사

---

4) 거다 러너, 《가부장제의 창조》, 강세영 옮김, 당대, 2004.

회적 분위기가 더 강한 듯하다. 남성 사회가 무지를 조장하며 두려워하는 것은 여성의 경제적·정치적 지위 향상이 '아니다'. 남성 사회는 차별과 폭력이라는 두 개의 무기를 가지고 있다. 여성의 지위가 아무리 높아진다고 해도, 남성에게는 성폭력, 가정폭력(아내에 대한 폭력), 성매매라는 제도화된 무기가 있다.

남성 사회가 가장 원하지 않는 상황은 여성이 자기 언어를 갖는 것, 다시 말해 여성이 피해와 가해를 규정하는 과정에 개입하는 '인식론적 권력'을 갖는 것이다. 그런데도 여성주의 언어에 대한 무지가 만연한 까닭은, 남성의 경우는 그들의 이해관계 때문이고, 일부 여성의 경우는 남성 사회의 관행을 스스로 내면화한 자기 혐오 때문이다. 남성 중심 사회에서 여성의 경험은 전수되지 않고 여성의 역사는 삭제된다. 이 때문에 나를 비롯한 많은 여성이 처음 여성주의를 접할 때 "내가 처음 알았다!"라는 당황과 놀라움을 넘어 지나친 사명감을 품기 쉽다. 이 '지나친 사명감'과 열정이 신자유주의 시대의 자아 개념과 만나, 온라인 문화를 향유할 때 어떤 페미니즘이 등장할까.

사회적 약자는 돈, 권력, 폭력, 제도 같은 전통적인 자원이 없다. '우리'에게 유일한 자원은 새로운 언어와 윤리뿐이다. 이 두 가지를 버릴 때, 다시 말해 지배자의 도구를 욕망할 때, 사회 운동은 타락하고 붕괴된다. 그래서 권김현영은 이렇게 말한다. "우리에게는 더 나은 논쟁을 할 권리가 있다."[5]

피해는 사실이 아니라 경합하는 정치의 산물이다

인류 역사상 사회적 약자에게 정의로운 사회는 존재하지 않았다. 가해와 피해는 일상이지만, 자신을 가해자로 여기는 사람은 거의 없다. 피해는 저절로 자명한 사실이 되지 않는다. 모두가 합의하는 피해는 가능하지 않기 때문이다. 만원 버스 안에서 발을 밟혔을 때, 친한 친구에게 사기를 당했을 때, 나의 작은 선의가 조롱당할 때, 옆집 공사로 건축 폐기물 먼지에 시달릴 때, 비오는 날 지나가는 버스가 흙탕물을 튀겨 옷이 엉망이 됐을 때, 조금 좋은 일을 하려다가 시간과 돈을 낭비하고 스트레스에 시달릴 때, 공동체에서 왕따를 당할 때, 성폭력을 당했을 때, 성별이나 인종으로 인해 임금 차별을 당할 때, '묻지마 폭력'을 당했을 때 등등.

이중 어떤 문제는 개인적, 미시적, 가벼운 피해이고 어떤 사안은 구조적, 거시적, 심각한 피해인가? 구조와 무관한 개인적인 문제는 없다. 또한 모든 사회 문제는 연동하기 때문에 구조와 개인, 공과 사의 구분도 의미가 없다. 피해의 위계는 더욱 위험하다. 사람들은 '내 고통이 가장 크다'고 생각한다. 게다가 피해에 대한 개인의 반응 범위 또한 계량화할 수 없는 것이 복잡한

---

5) 권김현영, "질문하지 않고는 살아갈 수 없다", 권김현영 외 5명, 《페미니스트 모먼트》, 그린비, 2017, 40쪽.

인간사다. '득도'한 사람도 있고 오랜 후유증에 시달리는 이도 있다. 이것은 근본적이며 실존적인 문제이므로, 이 글에서 다룰 수 있는 사안이 아니다.

피해 사실은 만들어 가야 할 역사이다. 믿을 수 없겠지만 지금까지도 나치의 홀로코스트를 부정하는 '역사학자'[6]들이 적지 않다. "그런 일은 없었다."는 것이다. 일제 강점기 군 위안부 문제는 말할 것도 없다. 오랜 세월 동안 5·18광주민주화운동은 '광주사태'였으며, 4·3사건은 아직도 이름을 찾지 못하고 있다. 세월호는 어떠한가. 이 사건은 '단순한 교통사고'일 수도 있고, 국가 폭력일 수도 있다.

피해는 발견되는 것이 아니라 '담론적 실천'으로 발명해야 할 대상이다. 그래서 페미니즘은 모든 피해 담론이 새로운 지형으로 발전할 수 있는 이정표가 된다. 피해자가 여성이며 피해의 성격이 젠더와 섹슈얼리티에 관한 것일 때, 사실 자체가 부정되는 경우가 다반사이다. 법체계로만 한정해서 말하면, 처벌 여부가 아니라 사건의 성립 자체가 쟁점이 되기 때문에 여성의 피해는 재판은커녕 기소 단계까지 가기도 어렵다. 가해자가 아니라 피해자의 행동과 성격과 생활 방식 전체가 문제시된다. 또한 나를

---

6) Deborah E Lipstadt, *Denying the Holocaust: The Growing Assault on Truth and Memory*, New York: Free Press, 1993. 이 책은 2016년 *Denial : Holocaust History on Trial*(HarperCollins Publishers)로 재출간되었고 믹 잭슨 감독의 〈나는 부정한다〉로 영화화되기도 했다.

포함하여 많은 여성들은 스스로 피해 사실을 세상에 알리지 않는다. 신고하지 않는다. 가부장제 사회는 여성의 경험을 부정하고 여성의 말을 믿지 않기 때문이다.

여성이 겪는 젠더 피해처럼 가벼움과 무거움을 다루기 어려운 문제도 없을 것이다. 젠더는 그 자체로 여자의 인생이기 때문이다. 남성 가해자는 가해 사실조차 모르며, 여성도 자신이나 다른 여성이 입은 피해에 대해 '경중'을 판단하기 어렵다. 가정폭력방지법이나 성매매처벌법이 제정되고 시행된 지 20년 가까이 되어 가는데도, 불법 여부를 개의치 않는 가해자들로 넘쳐난다. 여성에 대한 폭력은 자연스럽게 허용되어 온 남성의 권리였다. 불법이라고 고지했을 때 놀라는 남성도 많고, 불법이라는 것을 충분히 알고도 범죄를 저지르는 남성도 많다. 처벌받지 않는다는 현실을 잘 알고 있기 때문이다. 이는 성별 관계에 따른 구조적 피해라 그렇다 치더라도, 여성이 여성의 피해에 공감하기 어려운 경우도 많고, 페미니스트가 여성의 피해에 충분히 공감하지 못하거나 도움이 되지 못하는 경우도 많다.

피해, 피해자, 피해자 도우미(advocacy), 페미니즘. 이 네 가지 개념과 관계에는 정확한 지도가 없다. 분명한 것은 한 가지다. 거듭 강조하건대, 피해는 그 자체로 진실이 아니라 투쟁으로 획득되는 개념이며, 이 과정이 바로 페미니즘이라는 사실이다. 사회적 약자가 겪은 피해가 그대로 인정된다면 유토피아일 것이다. 그러나 역사는 그렇지 않다. 누가 사회적 약자이며 무엇이 피해인지, 이 문제에 관한 복잡한 논쟁이 전제되어야 한다. 그런데 한국 남성들은 피해 의식마저 남성 문화의 일부로 '소유'하고 있다. 가해자의 피해 의식, 피해자의 죄의식은 우리 사회에서 흔한 일이다. 그래서 페미니즘은 가장 급진적이고 '선진적인' 정치일 수밖에 없다. 페미니즘은 비정치적으로 간주되어 왔거나 비가시화되었던 피해를 드러내고, 가해와 피해를 둘러싼 갈등, 곧 사회 정의의 중요한 의제를 제기한다.

피해는 인정 투쟁, 집단 행동, 사회 운동, 여성주의 등등 다양한 이름으로 불리는 실천을 통해서 사회적 합의에 도달해 가는 과정이 요구된다. 누군가 피해를 입었다고 해서 저절로 피해자가 되는 것은 아니다. 그렇다면 이미 가부장제 사회나 자본주의 사회는 존립하지 못했을 것이다. '피해자 되기'는 피해자라고 주장하는 것이 아니라 피해자로서 위치성을 끊임없이 되돌아본다는 뜻이다. 피해자가 피해를 인정받는 과정에는 환골탈태할 만한 고통스러운 몸의 변화를 겪으면서 다른 인간으로 새롭게 거듭나는 여정이 필요하다. 다시 말해 인간의 몸은 기억(의식) 장치로서, 자신의 경험을 새롭게 재구성(re-member)해야 한다. 이때 글자 그대로 사지(四肢, member)를 재조합하는 육체적 고통이 동반된다.

젠더는 피해 여부를 가리는 가장 치열한 격전장이다. 젠더로 인한 고통은 인간의 역사에서 가장 깊이 숨어 있는 '사실'이기 때문이다. 페미니스트는 놓치고 있는 진실을 찾아내는 사람들이다. 페미니즘이 사회 정의와 새로운 지식의 최전선에 있을 수밖에 없는 이유가 여기에 있다. 페미니즘은 "누가 협상 자리에 앉아 있지 않은지, 누구의 관심사가 명확히 표현되고 있지 않은지, 누구의 이득이 표명되고 있지 않은지, 그리고 누구의 진실이 발언되거나 인정되고 있지 않은지"를 인식하는 과정의 정치이다.[7]

폴 토마스 앤더슨(Paul Thomas Anderson) 감독의 영화 〈매그놀리아〉를 보면 아버지에게 성폭력당한 피해 여성이 '그 일은 있었다(But It Did Happen)'라는 제목의 그림을 그린다. 그녀는 잊지 않으려고 그리고 피해를 인정받기 위해서 그림을 그린 것이다. 이것이 우리가 사는 세상이자, 살아온 세상이다. 페미니즘은 이 과정에 개입해야 한다.

정체성의 정치

정체성은 개인이 특정 집단과 동일시함으로써 자기를 구성하는 중요한 요소이다. 모든 인간은 단 한 명도 동일하지 않으므로, 동일성의 공유는 가능하지 않다. 하지만 인간이 자신이 누구인가를 아는 과정에는 반드시 타인, 타인과의 관계가 필요하다. 그래서 동일함이 아니라 동일시(同一視)이다. 동일하다는 '생각'

---

7) 리아 페이-베르쿼스트 · 정희진 외 62명, 《페미니스트 유토피아》, 김지선 옮김, 휴머니스트, 2017, 155쪽.

이 자아를 형성하는 것이다. 정체성의 정치는 '동일성'의 정치가 아니라 '동일시'의 정치이다. 정체성의 정치의 유용성과 한계는 같은 원리에서 발생한다. 바로 절대로 동일하지 않은데 동일'시' 하는 세계를 산다는 것이다.

정체성의 정치 중 가장 대표적인 두 가지는, 언뜻 상반되어 보이는 민족주의와 페미니즘이다. 민족과 여성이라는 범주가 구성원이 가장 많고 '현실 정치'에서 그 의미와 작동이 강력하기 때문이다.[8] 민족주의의 영향력이 막강한 이유는 민족주의가 남성의 이해를 반영하는, 그 자체로 젠더 정치인 까닭이다. 같은 정체성의 정치인데도, 민족주의는 강력하고 페미니즘(이나 퀴어 정치학)은 정반대에 있다. 그리고 두 담론의 힘의 차이가 가부장제로 나타나는 것이다. 민족주의는 남성 주체를 민족의 대표로 삼고, 나머지 사람들을 비(非)국민(보호받아야 할 국민)으로 상정한다. 민족의 동일성을 구성하기 위해서 정상적인 남성(이성애자, 중산층, 비장애인)은 자신을 중심에 두고 여성을 비롯한 대다수 구성원을 배제한다(예를 들어, 유관순 열사를 '유관순 누나'로 지칭하는 문화가 대표적이다).

---

8) 사회주의의 몰락 원인 중 하나는 사회주의 혁명가들이 민족주의의 영향력을 간과했기 때문이다. 아마도 많은 이들이 옛 소련이 그렇게 많은 이질적인 민족(종교, 언어)으로 구성되어 있었는지 생각하지 못했을 것이다. 냉전 이후 오늘날 전쟁의 양상이 국가 간 분쟁보다 국지전이 훨씬 많은 이유도 국가 내부의 민족, 종족 간 갈등 때문이다.

쉽게 말해 민족주의는 '남성은 자신을 민족으로, 여성은 자신을 여성'으로 정체화하는 정치이다. 그래서 젠더 인식 없이는 민족주의를 설명할 수 없다. 여성주의자들이 가장 많이 시달리는 질문인, "민족(혹은 노동자)이 중요한가, 여성이 중요한가" 식의 언설은 난센스의 극치이다. 이미 여성을 집단에서 제외해 놓고 그것을 여성에게 다시 증명하라고 취조하는 폭력이기 때문이다.

근대 민족주의는 외부 민족과 구별이 필요할 때 내부를 단결시키고 하나로 봉합함으로써 스스로를 형성해 왔다. 민족 구성원은 계급, 성별, 지역, 성 정체성 따위에 따라 모두 다르지만 동질성을 강요받는다. 민족주의는 우리가 매일 경험하는 바, 민족 구성원들이 경제 양극화, 지역 차별 등으로 전혀 다른 삶을 살고 있는데도 "국민으로서 같다"고 생각하게 만드는 정치다.

지배 세력과 피지배 세력이 국민, 민족, 남성, 이성애자로서 동일하다는 이데올로기의 효과는 강력하다. 지배자는 피지배자의 동의를 얻고 그들의 지지를 동원함으로써 공동체의 이익을 독점한다. "삼성은 한국의 자랑이므로 비판해서는 안 된다."거나 "사회적 약자의 문제는 나중에 해결하자."는 논리가 대표적이다. 특히 한국 사회는 일제 강점기와 남북 분단 체제를 거치면서, '우리 내부의 단결 대 외부의 적'을 구성하는 지배 논리가 작동하기 쉬운 조건이었다.

페미니즘 이론에서 정체성의 정치의 위상을 논하기 전에 민족주의를 예로 든 것은, 민족주의와 페미니즘이 세력에서 큰 차이가 나지만 비슷한 원리를 지니고 있기 때문이다. 여성들은 당연히 동일하지 않다. '우리'는 여성인 동시에 인간임은 말할 것도 없고, 어떤 경우에는 여성이기보다는 흑인이거나 노인이거나 가난한 사람들이다. 그런데 젠더 시스템은 1) 개인을 남녀로 분리하고 2) 남성과 여성은 본질적으로 다르다고 말하며 3) 같은 성별끼리는 같은 속성(남성성, 여성성)을 공유한다는 규범을 전제한다. 이것은 차별을 위해 차이를 만드는 것이며, 가부장제가 인간을 필사적으로 남녀로 구별하려는 이유이기도 하다. 이에 저항하는 페미니즘은 여성들 사이의 다름과 같음을 논의한다. "차별은 나쁘다. 하지만 차이는 인정되어야 한다. 다양성이 중요하다."라는 평등주의는 차별 문제를 해결하지 못한다. 차이가 만들어지는 과정 자체가 차별이라는 점을 은폐하기 때문이다.

성적소수자와 이성애자를 구별하고 차별하는 태도가 가부장제의 원리다. 그래서 퀴어 정치는 페미니즘의 성립 조건이다. 이는 마치 계급이 젠더 없이는 작동할 수 없는 이치와 같다. 퀴어는 인간의 성별을 양성으로 고정시키려는 가부장제 사회에 문제를 제기하는 젠더들이다. 젠더 환원주의나 '여성 순혈주의'는 옳고 그름을 떠나, 가능하지 않다.

정체성의 정치와 페미니즘의 관계는, 1960년대 미국의 시민권 운동에서 전통적인 사회학계가 정체성의 정치를 신사회 운동(new social movement)으로 이름 붙일 때부터 논쟁거리였다. 당시 여성 운동은 흑인 운동과 함께 정체성의 정치를 대표하는 새로운 사회 운동이었다.

정체성의 정치로서 페미니즘은 남성 중심적인 보편성에 차이를 제기함으로써, '인간=남성'이 아님을 주장한 급진적인 정치였고 현재도 그러하다. 여성이 여성에게 동일시하는 문화가 없었을 때, 여성은 자신이 누구인지 알 수 없었다. 이때 여성은 남성을 기준으로 설명될 뿐이었다. 비가시화되거나 '이등시민'이거나 '실패한 남성'이거나…… 여성 정체성은 여성이라는 범주가 독자적으로 존재하며, 여성이 구조와 일상, 가정과 사회 등등 삶의 모든 영역에서 남성과 완전히 다른 위치에 있고, 남성 중심 구조로부터 폭력과 차별을 당한다는 깨달음을 주었다. 그리고 여성 정체성은 남성과 동일시하거나 남성의 인정을 욕망하지 않아도("남편이 없어도", "남성이 원하는 착하고 예쁜 여성이 아니어도" 등등) 사회적 성원권을 얻을 수 있다는 자신감과 자각을 주었다. 이것은 여성주의 역사에서, 여성 개인의 역사에서 경험하는 '초기'의 자매애로 이어졌다.

이처럼 정체성의 정치는 억압받는 개인이 억압받는 약자의 집단에 자신을 '소속'시키는 과정이기도 하다. 일종의 정치적 귀향으로서 '노예'에게도 집이 있다는 (잠시지만) '안도의 정치'인 것이다. 이 사실은 매우 중요하다. 사회적 약자의 정체성이 기존의 자본주의 사회나 가부장제 사회와는 다른 새로운 공동체를 만드는 근거가 되기 때문이다. 사회적 약자의 정체성은 국가를 중심으로 정치를 사유하지 않으면서도 사회를 민주화하는 과정을 낳는다. 그리고 새로운 공동체(커뮤니티)는 기존 사회로부터 배제된 약자들이 '주류' 사회와는 다른 그들만의 경험과 차별 인식을 공유하는 정치적 공간이 된다.

자신이 억압받았다는 사실에서 출발하는 정체성의 정치는 다음과 같은 요소에 초점을 둔다. 우리는 피해자이며, 힘이 없고, 이러한 사실을 인정받을 것을 (집요하게) 요구한다. 이런 점에서 모든 정체성의 정치는 르상티망(ressentiment), 즉 원망(怨望)과 원한(怨恨)의 정서를 지닌다(한국의 민족주의가 대표적일 것이다). 이것은 나쁜 의미가 아니다. 문제는 정체성이라는 자각이 '머무를 때', 즉 정체성을 피해자로 본질화할 때이다.

정체성의 정치는 피해자성을 근간으로 하며 이를 강조할수록 강력해질 수밖에 없다. 이때 정체성의 정치의 주인공은 고통받는 자아이며, 이 때문에 집단 내부에서 고통의 위계가 발생한다.[9] 더 약자, 더 큰 피해, 완벽한 피해, 그 집단의 정통적인 피해(여성주의에서는 성폭력)가 중요시된다. 웬디 브라운(Wendy Brown)이 지적한 대로 실상 이러한 정체성의 정치는 정치화된 정체성(politicalized identity)이다.[10] 피해자성을 본질화하는 정체

---

9) Susan Bickford, "Anti-Anti-Identity Politics: Feminism, Democracy, and the Complexities of Citizenship", Anne C. Herrmann & Abigail J. Stewart, *Theorizing Feminism: Parallel Trends in the Humanities and Social Sciences*(2nd edition), Westview Press, 2000, p. 58.
10) Wendy Brown, *States of Injury: Power and Freedom in Late Modernity*, Princeton University Press, 1995, p. 74.

성 정치는 인간의 실존을 억압당한 경험으로 구성한다. 주변화, 배제, 종속의 상처가 존재를 증명하는 것이다. 이것은 바람직하지 않을 뿐 아니라 위험하다(서구 역사에서 유대인 박해가 오늘날 시오니즘으로 변모했다는 사실을 생각해보라).

여성이 남성과 다르다고 해서, 다른 여성과 저절로 같아지는 것은 아니다. 주디스 버틀러는 《젠더 트러블》에서 이를 정면으로 비판하며 페미니즘의 전환을 가져왔다. 정체성은 담론적 실천의 산물이지 본질이 아니며, 여성 운동이 반드시 정체성의 정치에 기반할 필요는 없다는 것이다(《젠더 트러블》의 부제가 바로 '페미니즘과 정체성의 전복'이다).

삶도, 투쟁도 쉬운 일이 아니다. 여성은 남성과의 차이를 깨달은 '다음 날' 여성들 사이에도 차이가 있다는 현실에 직면하게 된다. 이때 차이와 이로 인한 문제를 남성적인 방식으로 봉합하기 시작하면, 정체성의 정치는 타락하기 시작한다. 여성 정체성의 정치가 빠지기 쉬운 함정에 걸려든다면, 즉 피해는 여성의 본질이며 여성은 피해자로서 하나가 되어야 한다고 주장한다면 여성은 또다시 보편성(uni-versal)으로 묶이게 된다. 이것이 페미니즘 사상사에서 '백인 중산층 페미니즘'이 그토록 비판받았던 이유이다.

팔레스타인 여성과 이스라엘 여성의 관계를 고찰한 니라 유발-데이비스(Nira Yuval-Davis)는 여성들 간의 차이를 횡단의 정치(trans-versal politics)로 사유하자고 제안한다. 여성으로서 정체성을 버리지 않으면서도, 거기서 여성들 사이의 차이가 '나'를 구성하는 중요한 정치임을 자각하는 이동이 함께 일어나야 한다는 것이다.[11] 이 문제는 페미니즘에만 국한되지 않는다. 백인 남성 이성애자 중심의 근대의 단일 세계관(환원주의, 역사주의, 기원주의, 인과론 등등)은 그 외의 세계를 배제하는 일괴암적(monolithic) 권력이다.

여성주의를 선두로 한 탈식민주의의 고민은 자본주의 문화의 총체라고 할 수 있는 이 괴물 덩어리를 어떻게 해체할 것인가이다. 젠더뿐만 아니라 인종, 국가, 종교, 지역 등등 모든 정체성의 '소유자'들은 정체성이 고정(안정)될 수 없는 상황이 반복되기 때문에, 한 곳에 정착할 수 없다. 집은 어디에도 없고 유착(流着)을 반복한다.[12] 지배자로부터 자신의 존재를 규정받기에 언어가 없었던 이들이 자신을 찾는 여정은 가장 긴 시간이 걸리는 '귀향'이며, 실제로 완전한 정착이 불가능하다. '원래 우리의 언어'는 없을 뿐만 아니라 추구하는 과정에서 인간은 계속 변하기 때문이다.

여성의 몸과 피해자 정치성의 정치

가부장제는 인간의 몸에 대한 차별적 해석에서 시작되었다.

---

11) 니라 유발-데이비스, 《젠더와 민족: 정체성의 정치에서 횡단의 정치로》, 박혜란 옮김, 그린비, 2012.
12) 冨山一郎, 《流着の思想—「沖縄問題」の系譜学》, インパクト出版社, 2013.

여성은 남성의 몸을 기준으로 분류된 타자이다. 이때 여성의 존재성은 언제나 몸으로 환원된다. 남성 몸과 다름이 여성의 존재 방식이 된다. 이것이 젠더 이분법이다. 젠더 이분법에서 여성적인 것은 남성적인 것을 설명하고 매개하고 돋보이게 하기 위한, 남성적인 것의 부정적 범주이다. 그리고 이 이분법은 '양성평등'이나 '여성 정책' 담론처럼 마치 여성적인 것이 남성적인 것과 대립하고 남성적인 것을 대체하며, 대안 가능한 범주인 것처럼 인식하게 만든다. 다시 말해서, 젠더 이분법은 여성(성)을 위한 공간이 없다는 현실, 곧 범주 자체의 남성 중심성을 은폐한다.

남성의 가치는 몸으로 환원되지 않으며 그들의 정체성은 몸의 기능과 상태가 아니라 사회에서 무슨 일을 하는지에 의해 구성된다. 그러나 여성에게 몸은 유한한 자원으로, 찬양되는 동시에 수치스러운 자원으로 간주된다. 남녀의 섹슈얼리티가 성별화되어 있다는 것은 실상 남녀의 권력 관계를 전제한다. 이성(異性)의 몸에 대한 경험이 성별에 따라 차이가 나도록, 즉 여성에게는 폭력으로 남성에게는 쾌락으로 인식되도록 하기 때문이다. 이처럼 남성과 여성의 권력 관계는 다른 권력 관계와 다르게 성애화되어 있으므로, '본능적인 것'으로 인식되어 이제까지 정치적 분석의 대상이 되지 못했다.

가부장제 사회에서 여성은 독자적인 개인이 아니라 남성의 섹슈얼리티를 실현하기 위한 대상이거나 국가, 민족, 가족 등 남성 중심적 공동체를 유지하고 계승하기 위해 사용되는 출산 도구로 간주되어 왔다. 그러므로 현재의 성별 구조 속에서 여성의 출산 능력과 섹슈얼리티는 여성 자신을 위한 것이 아니라 여성 억압의 기원으로 작용하는 경우가 많다.

이처럼 여성의 몸이 여성 동질성의 최소 단위가 되는 것은 신체 구조가 같기 때문이 아니라 성차별 사회가 여성의 몸에 부여하는 사회적 평가 때문이다. 여성의 종속은 가부장제가 규정한 남녀의 신체적 성차(sex)에 근거한다. 따라서 여성의 출산과 성 행위에 대한 남성의 통제는 여성 억압의 원인이며, 가부장제의 핵심 기제이다. 그러므로 급진주의 페미니스트들은 여성의 몸에 대한 통제는 계급이나 인종에 따른 여성 억압보다 더 근원적인 억압의 형식이자, 모든 사회적 모순의 마지막 원인이라고 본다. 자본주의를 분석하는 마르크스주의의 주요 개념이 노동이라면, 급진주의 페미니즘은 가부장제를 설명하는 기본 범주를 섹슈얼리티라고 본다. 즉, 1970년대를 풍미했던 서구의 급진주의 페미니즘(radical feminism) 사상은 급진적(急進的)이라기보다 발본적(拔本的)이었다. 이후 본질주의라는 비판을 받긴 했지만 급진주의 페미니즘을 건너뛰고서는 여성의 삶을 이해할 수 없을 것이다. 이들의 노력으로 남성이 여성의 몸을 통제하고 지배하고 착취한다는 사실이 증명되었으며, 성 역할, 이성애, 결혼 제도, 성/인신매매, 성폭력, 살인의 연속선이 밝혀졌다.

그러나 급진주의 페미니즘은 여성들 간의 몸, 계급, 인종 등의 차이를 백인 여성 대표성으로 보편화하려고 했기 때문에 실패했다. 이후 페미니즘은 급진주의 페미니즘이 여성 몸의 공통성이라 주장한, 예를 들어 출산과 성폭력이 여성의 공통성이 아니라고 주장하며, 이 공통성을 해체하려고 노력해 왔다.

실제로 현재 한국 사회의 저출산은 이미 출산이 여성의 공통성이 아님을 증명하고 있다. 출산은 사회적·정치적 성 역할이지 여성 몸의 기능이 아니다. 통념과 달리 전체 여성 중에서 자연적 불임(즉, '정상')이 20퍼센트가 넘는다. 일반적으로 통계학에서 한 집단의 공통성이 70퍼센트에 미달하면(출산하지 않는 여성까지 합하면 70퍼센트에 미치지 못할 것이다) 그 요소를 집단의 공통성으로 보지 않는다. 더구나 간성(inter-sexual)의 존재와 그들의 인권 운동은 양성의 개념에 균열을 낸 지 오래다.[13]

피해자 정체성은 사실이 아니라 관념이다. 페미니즘이 '피해자로 하나 되기'라면, 그것도 같은 여성의 몸을 가졌기 때문이라면, 이것은 남성 사회의 법칙을 그대로 따르는 논리다. 그리고 피해자는 남성 사회가 규정한 여성의 성 역할 규범이 된다. 그동안 여성들이 남성 사회에서 당해 왔던 배제와 포함의 규칙을 정하는 권력이 다시 여성을 향하게 되는 것이다. 이때 권력자는 자신이 '가장 큰 피해자'임을 주장하는 여성이나 (주로 말할 수 없는 상황에 있는) 피해자를 대변하는 여성이 된다.

지배 세력이 피지배 세력을 피해자화(타자화)하는 행위는 지배

___

13) 정희진 엮음, 《양성평등에 반대한다》, 교양인, 2017.

방식 그 자체이므로 지금 다루는 주제가 아니다. 여기서 쟁점은 피억압자 스스로 피해자화하는 경우다. '피해'와 '피해자' 사이에 놓인 거대한 바다를 건너면, 그 다음에는 '피해자'와 '피해자화'의 적대가 기다리고 있다. '피해자'와 '피해자화'가 적대적인 이유는 정반대의 정치이기 때문이다. '피해자'는 상황적이고 일시적 개념인 데 반해, '피해자화'는 여성을 본질적으로 남성 권력의 피해자라고 보고 여성에게 그에 맞는 이미지와 역할을 요구한다. 또한 '피해받은 불쌍한 여성'은 여성의 존재성을 남성과의 관계로만 한정하는 방식이다. 남성 권력은 여성이 피해 상태에 머물기를 원한다. 피해 여성만이 남성을 권력의 주체로 만들어주기 때문이다.

여성의 피해자성을 강조하는 것은 여성주의에 불리한 전략이다. 그런 점에서 아직도 일부 페미니스트들이 주장하는 '피해자 중심주의'는 역설적이게도 우리 사회가 얼마나 남성 가해자들의 사회인지를 보여준다. 피해자 중심주의를 주장하기보다 피해자화와 피해자 중심주의의 관계, 여성을 피해자화하는 권력을 문제 삼아야 한다. 2016년 '강남역 살인 사건'을 추모하는 한 포스트잇에는 이렇게 쓰여 있었다. "범죄자로 일반화하지 말라고? 여자는 이미 '피해자'로 일반화됐다!"[14] 이 포스트잇의 내용은

---

14) 경향신문 사회부 사건팀, 정희진 해제, 《강남역 10번 출구, 1004개의 포스트잇》, 나무연필, 2016, 38쪽.

여성의 피해 현실과 여성을 피해자화하는 남성 권력을 정확히 분리한다.

가부장제 사회는 당당한 여성, 권력 분점을 요구하는 여성, 자신을 존중하는 여성, 남성의 보호나 네트워크에 저항하는 여성보다 '피해 여성'을 원한다. 이것이 바로 젠더 사회에서 남성은 성공을, 여성은 불행을 '경쟁'하는 이유다. 남성 중심 사회에서 여성은 피해자일 때만 주체가 된다. 여성은 피해자 정체성에 매력과 유혹을 느낀다. '피해자다움'은 가부장제가 원하는 여성의 중요한 성 역할이다.[15]

물론, 피해자화는 여성의 불가피한 생존 전략이었다. 가부장제 사회에서 나를 포함한 대부분의 여성은 피해자성을 자원으로 삼거나 그 구조에서 자유롭지 않다. 여성이 타자화, 피해자화에 동의하지 않았다면, 이제까지 온존한 생존이 가능했을까. 이전 세대의 여성들 특히 '어머니들'은 딸들에게 "현명한 여성이 돼라."고 가르쳤다. 여성 억압 현실을 인식하되, 함부로 저항하지 말라는 뜻이리라. 이는 기본적으로 이중 메시지이지만, '어머니'의 입장에서 해석하면 저항보다 적응을 강조하는 '지혜와 간곡한 사랑'의 가르침이었다. 이것이 그들이 생각하는 '딸들'의 살 길이었다. 이처럼 여성 자신을 피해자화하는 현상은 새삼스럽지 않다. 페미니스트를 포함하여 거의 모든 여성들이 자신의 나이,

---

15) 정희진, 《페미니즘의 도전》(개정증보판), 교양인, 2013, 145쪽.

외모, 피해자성을 자원으로 삼는다.

그렇지만 피해자성을 중심에 둔 페미니즘은 타자와의 연대를 불가능하게 한다. 이러한 사고방식은 '인간 고통의 총량'이 정해져 있다고 보고, 나의 고통을 타인이 빼앗아 간다고 생각한다. 남성은 '권리'를, 여성은 '고통'을 빼앗긴다고 생각하는 것이다. 이때 사회적 약자에게 주어진 '선택'은 두 가지이다. 타자와 연대할 것인가, 아니면 지배 세력이 원하는 피해자가 될 것인가. 문제는 신자유주의 시대에 이 선택이 매우 특별한 의미를 띠게 되었다는 점이다.

신자유주의 시대의 자아와 페미니즘

신자유주의 시대의 전 지구적 자본주의는 젠더 법칙을 근본적으로 뒤흔드는 계기가 되었다. 부의 편재와 양극화는 기존의 젠더 차이보다 지역과 지역, 남성과 남성, 여성과 여성의 계급 차이를 심화했다. 계급 격차의 극단화는 많은 페미니스트로 하여금 "Read, Marx Again!"(마르크스주의 다시 읽기 운동)을 외치게 했다. 한국의 젊은 여성들은 고실업, 초인적인 경쟁, 변화하지 않는 가부장제 사회에 대한 저항으로 출산 거부를 선택했다. 여성은 남성의 변화가 불가능하다는 사실을 깨달았다. 한국 남성은 여성과 자본의 변화 앞에 갈피를 못 잡고, 이 둘 모두에 대한 불안으로 미소지니(misogyny, 여성 혐오)라는 최악의 반(反)사회성을 표출하고 있다.

오늘날 지구의 현실은 한국 사회에서 '신자유주의'라고 부르는 개념만으로는 설명하기 어렵다. 세계 도시(Global City)들의 연결망이 국가 경계를 대신하고 있다.[16] 자본주의의 급격한 변속과 영역의 무한 확장에 따라 개인은 국경을 넘어 다양한 위치성을 갖게 되었다. 국민, 글로벌 마켓의 소비자, 여성, 남성, 이주민, 실업자, 난민, 자발적 실종자[17]로서 삶이 교차하는 처지에 놓이게 된 것이다. 언제, 어떤 상황에 놓이게 될지 모르는 유동성, 불안, 예측 불가능성이 '인생이 되었다'.

자본주의 시스템의 변화는 이에 적응하기 위한 개인의 주체성을 재구성한다. 제2차 세계대전 종전 이후 마르크스주의자들의 자본주의 인식을 대략적으로 살펴보자. 1960년대 중반 거의 대부분의 피식민지 국가들이 제국주의 지배로부터 독립했지만, 이는 주권만의 독립으로 실제 두 국가 간의 경제적·문화적 종속 관계는 계속 유지되었다. 자본주의의 세계화 때문이다. 이매뉴얼 월러스틴(Immanuel Maurice Wallerstein)의 세계체제론(world system theory)은 더는 국가가 경제 분석 단위가 되지 못하며, 세

---

16) 사스키아 사센, 《경제의 세계화와 도시의 위기》, 남기범·유환종·홍인옥 옮김, 푸른길, 1998.

17) 일본에서는 매년 십만 명이 넘는 사람들이 '스스로 실종'되고 있다. 이들은 삶을 포기하거나 자신의 신분을 세탁한 채 기존의 삶을 '리셋'한다. 자세한 내용은 다음을 참고하라. 레나 모제 지음, 스테판 르멜 사진, 《인간 증발: 사라진 일본인들을 찾아서》, 이주영 옮김, 책세상, 2017.

계 경제는 하나의 사회로 중심부와 주변부가 비대칭적 관계에 놓여 있다는 주장이다.

이후 안토니오 네그리(Antonio Negri)와 마이클 하트(Michael Hardt)는 《제국》에서 사회주의 블록의 해체를 기점으로 하여 자본주의가 지구를 완전히 장악했다고 본다. 《제국》에서 주된 논쟁은 글로벌 자본주의에서 국가의 역할이었다. 국가가 글로벌 자본을 얼마나 '방어' 혹은 제어할 수 있는지에 대해 네그리와 하트는 회의적이었다. 아감벤(Giorgio Agamben)의 《호모 사케르》는 아예 묵시록에 가깝다(그는 마르크스주의자이면서 신학자이다). 《호모 사케르》는 기존의 권력을 생산하는 경계들이 민중을 억압했다면, 이제는 아예 그 경계가 임의로 작동하거나 사라지면서 '상시적인 비상사태'가 되었다고 설명한다.

물론 일상이 상시적 비상사태인 여성의 입장에서 이는 새로울 것이 없는 인식이고[18] 벤야민의 여덟 번째 테제는 이미 정전(正典)이 된 지 오래다.[19] 하지만 주권과 영토의 불일치 같은 권력의 임의성이 전 세계 곳곳에서 일상적으로 벌어지고 있다는 사실은

---

18) Judith Butler, Gayatri Chakravorty Spivak, *Who Sings the Nation-State?: Language, Politics, Belonging*, Seagull Books, 2007.

19) 발터 벤야민, "역사철학테제", 《발터 벤야민의 문예이론》, 반성완 옮김, 민음사, 1983. 널리 알려진 대로, 발터 벤야민은 1940년 그가 자살하던 해 "역사철학테제" 여덟 번째 장에서 이렇게 썼다. "억눌린 자들의 전통이 우리에게 가르치는 교훈은 비상사태가 예외가 아니라 상례라는 점이다. …… 진정한 비상사태를 도래시키는 것이 우리의 임무다."

주목할 필요가 있다. 아감벤이 강조한 것처럼, 쿠바의 영토지만 미국이 사용하고 있는 관타나모 기지는 의미심장한 상징이다. 안전한 곳은 없다.

프랑코 '비포' 베라르디(Franco 'Bifo' Berardi)[20]나 지그문트 바우만(Zygmunt Bauman)[21] 같은 이들은 후기 자본주의와 정신 건강의 관계, 자살과 우울 그리고 불안의 정치경제학, 금융자본주의와 평등의 몰락을 집중 조명한다. 한국과 일본의 상황을 보자. 자본은 무한 경쟁을 감당할 수 없는 대부분의 사람들에게 '알바'와 '프리터(Freeter)'로 살아갈 수 있도록 다이소 같은 100엔숍을 제공하고, 대신 온라인에서 자존심을 회복하도록 '배려'하고 있다. 대다수 민중은 자본에게 시간과 비용을 바치면서 스마트폰에 열중한다. "미래에는 모든 사람이 15분 만에 세계적인 유명세를 얻을 것"이라는 앤디 워홀의 예언은 적중했다. 오늘날 스마트폰이나 SNS는 자본주의적 절대주의에 저항하지 못하도록 하는 자본의 범퍼 역할을 한다. '우리'는 폭동을 일으키지 못하도록 하는 장치에 스스로 비용을 내고 있는 것이다.

한국 사회의 진보 진영을 포함한 오피니언 리더들은 거대 자

---

20) Franco 'Bifo' Berardi, *Heroes: Mass Murder and Suicide*, Verso, 2015. 이러한 현상을 정치적, 미학적으로 잘 보여주는 영화로 이와이 슌지 감독의 〈릴리 슈슈의 모든 것〉(2001)과 홍석재 감독의 〈소셜 포비아〉(2014)가 있다.
21) 지그문트 바우만·레오니다스 돈스키스, 《도덕적 불감증: 유동적 세계에서 우리가 잃어버린 너무나도 소중한 감수성에 관하여》, 최호영 옮김, 책읽는수요일, 2015, 192쪽.

본 없이는 가능하지 않은, '과학 기술 혁명 국가', 'IT 강국'이라는 아류 제국주의 자부심에 가득 차 있다. 한국 사회는 과학 기술과 자본과 민주주의의 관계를 문제 삼지 않는다. 그것이 '4차 혁명'보다 더 근본적인 문제인데도 말이다. 한국인들은 휴대전화가 주민등록증을 대신하는 현상에 무감각하다. 지금 한국 사회에서 성원권을 발급하는 주체는 국가가 아니라 통신회사다. 국가가 무료로 제공하던 주민등록증을, 이제 한 달에 적게는 3만 원 많게는 10만 원을 통신 회사에 지불하면서 휴대전화 인증 번호가 대신하고 있는데도 말이다.

프랑코 베라르디는 신자유주의를 기호(semio) 자본주의 혹은 자본주의적 절대주의(capitalist absolutism)로 명명하자고 제안한다. '절대(absolute)'라는 단어는 라틴어 'ab-solutus'에서 유래했는데, 이는 한계에 얽매이지 않는다는 뜻이다. 자본주의적 절대주의는 규제가 없고 무조건적이며 헌법을 비롯한 어떠한 법조항에도 구속받지 않는다는 의미다. 즉, 모든 것으로부터 '자유로운' 자본주의다.

기호 자본주의의 특징은 기존의 산업 자본주의와 대비해보면 선명해진다. 산업 자본주의 시대에 이익의 창출은 노동, 시간, 가치 간의 질서가 일관된 상태에서 가능했다. 금융 유통 자본주의 시대에는 노동이 아니라 돈의 순환이 돈을 번다. 유통 라인의 독점은 생산과 소비의 상식적인 구조를 붕괴시켰다. 대형 유통 업체의 '착한 치킨', '통큰 치킨' 가격이 가능한 이유다. 미디어를 통한 이미지 산업을 추구하는 기호 자본주의도 마찬가지다. '구체적인 생산물' 없이도 돈을 벌 수 있다. 노동 시간과 이익은 무관해졌다. 즉, 사물의 질서가 바뀐 것이다. 유명세는 그 자체로 돈이 된다. 트위터의 팔로워 숫자는 비물질적이지만 권력이다. 비물질적인 영역이 확대됨에 따라 가치 측정은 더 어려워졌다.

공정함이나 정의가 무너진 세상에서, 이제 사람들은 권위의 필요성이나 정당성 여부와 무관하게 어떠한 권위도 인정하지 않는다. 모든 성취는 편법일 것이라고 생각한다. 정의로서 평등(fairness), 심지어 상식으로서 평등조차 사라진 반면, 누구나 다 똑같다는 같음(sameness)으로서 평등 개념이 우리의 자존심을 '하향 평준화'하여 지켜주고 있다.

한국 사회에서 자본주의적 절대주의는 '갑/을', '갑질', '금/흙수저', '자기 계발', '각자도생', '혐오', '무한경쟁', '힐링' 등의 언설로 대표된다. 가족, 사회, 국가가 개인을 보호해주지 못하고 국가의 통치 방식은 억압이나 보호가 아니라 방치로 변화한 지 오래다. 지배 세력은 자국민보다 외부 자본과 연대하고 있다. 저출산으로 인한 인구 감소로 통치 세력은 비명을 지르고, 고실업 상황은 한계 없는 경쟁을 낳고 있다.

이러한 자본주의의 변화 속에서 자아 개념과 페미니즘은 어떠한 관계인가. 근대에 이르러 인류는 신, 자연과 결별하고 인간으로서 개인화, 개별화를 선언했다. 이러한 근대화는 제국주의 침략과 함께 전 세계로 퍼져 나갔으나 여성과 '비(非)서구인'이 근대를 경험하는 방식은 백인 남성과 달랐다. 백인 남성의 개인화는 독립과 자율의 증거로 여겨지는 반면, 여성의 개인화는 이기주의를 의미했다. 자유주의 페미니즘은 이 문제와 씨름했다. 이때 목표는 교육과 경제적 자립이라는 기회의 평등이었다. 자유주의 페미니즘에서 개인 개념은 그래서 중요하다. 비록 평등의 기준은 남성이었지만, 여성이 언제나 대체 가능한 성 역할 노동자 대신 개인적 특성을 지닌 인간이 될 수 있다는 의미였기 때문이다. 그러나 가부장제는 성차별과 보편적 인권 개념 사이의 모순을 사적 영역을 발명함으로써 해결했다. 여성은 여전히 개인이 되지 못했고, 이 실패는 "페미니즘은 여성이 남성과 같아지는 것인가"라는 평등과 차이 논쟁을 불러 일으켰다.

평등 담론의 위기는 평등을 주장했던 페미니즘의 위기이기도 했다. 이에 돌봄의 윤리(care ethics)를 주장하는 페미니즘 이론가들은 자율성을 근간으로 하는 근대적 자아 기준을 변화시킬 것을 제안했다. 페미니즘의 구호는 '평등에서 책임감으로', '독립된 자아에서 관계적 자율성으로', '(어머니로부터) 분리에서 연결로' 변화하기 시작했다. 이는 개인을 통치 단위로 하는 신자유주의에 대한 저항이자 대안이었다.

그러나 자본주의의 변화상은 개인의 선택을 극도로 제한했다. 자기 해방, 자아 실현, 자기 훈육, 자기 계발, 자기 의지가 자본주의적 절대주의 앞에서 아무런 소용이 없으며 오히려 구조를 공고히 한다는 것을 깨달은 사람들은 각자도생의 길을 모색하기 시작했다. 각자 알아서 자기 삶을 스스로 기획하고 도모하고 시도한다는 생존 법칙은, 극소수의 승자에서 자발적 패자까지 연속선을 이룬다. 모두가 각자도생의 영향력에서 자유롭지 않게 되었다.

이러한 상황에서 온라인은 각자도생과 자기 도취가 결합하는 장이라는 의미에서 중요하다. 온라인에서 일상의 대부분을 보내는 사람들은 기존과 다른 의미의 영토를 구축한다. 그들에게 온라인은 더는 가상 세계가 아니라 또 하나의 '리얼한' 영토이다. 이곳에서는 기존의 언어가 아니라 기기(機器)의 자극 자체가 언어가 된다.

1인 미디어 시대의 자기 도취적 자아는 자기 이미지를 스스로 생산할 수 있게 되었다. 내가 만든 세계에서 나와 내가 만나는 새로운 도착(倒錯)의 시대가 도래한 것이다. 트위터가 원심적(遠心的) 방식으로 순식간 일어나는 나의 확장이라면, 페이스북은 구심적(求心的) 방식으로 나에게 집중하는 구조이다. 두 매체의 공통점은 뉴스든 팩트든 주장이든, 담론을 생산하는 '나'는 보편자로서 세계의 중심이 될 수 있다는 사실이다. 현실에 휘둘리던 힘없는 개인은, 이제 내가 만든 현실이 바로 그 자리에서 현현하는 상황에 열광하지 않을 수 없게 되었다.

물론, 그 속에는 '진정한 자아'가 없다. 문학평론가 이명원은 다음과 같이 지적한다. "(SNS에서는) 자아 표현이 직접적이고 노골화되기 십상이며, 표현되고 있는 언어가 유저(사용자)의 실제 목소리로 간주되는 경향이 크다는 것이다. 문학 작품에서는 '시적 자아' '서술자=화자' '등장인물' 등으로 간접화되어 있는 '허구적 자아' 개념이 에스엔에스에는 부재한다. 혹은 부재하는 것으로 간주된다. 그렇다 보니 플랫폼 내부의 언어를 인격화된 주체의 육성으로 오인하는 경향이 더 크고 격렬하게 쾌/불쾌를 초래하는 것이다."[22] 이는 '허구적 자아' 개념이 부재함으로써, '가장 허구적일 수 있는' SNS에서의 자아 개념은 성찰되기 어렵다는 뜻이다.

오프라인 세계의 사회적 위치와 상관없이 누구나 누릴 수 있는 리얼한 감각은, 온라인이 이제까지 인류가 생산한 매체 중에서 가장 확실한 몸의 확장이자 자아를 고양하는 몸의 일부라는 것을 알려준다. 바우만의 지적대로 IT 기술이 신(神)을 대체하고 있다.

세상을 보는 창이 오로지 '나'일 때, 내가 팩트를 생산하는 주체일 때, 공감과 연대의 가능성은 줄어든다. 신자유주의 사회에서 삶은 일종의 '나'들끼리의 밀치는 삶으로 변화했다. 거리에서 타인과 부딪쳤을 때, 타인을 의식하고 비키는 사람이 있는가 하면 의도적으로 혹은 몸에 밴 자연스러움으로 타인을 밀치고 지나가는 이들이 있다. 이때 타인을 밀칠 수 있는 조건은 건장한 (정상적) 몸이어야만 가능하다. 기존의 페미니즘 윤리가 지나가

---

22) 이명원, "'허구적 자아'의 효용", 〈한겨레〉, 2018년 1월 19일자.

는 사람을 배려하거나 넘어진 사람을 도와주는 것이었다면, 신자유주의 사회에서 페미니즘은 밀치는 주체가 되는 것이다.

각자도생, 자기 도취, 자기 조작의 결합. 이때 여성이 신자유주의적 주체가 된다는 것은 무엇을 의미하는가. 페미니즘은 기존의 자유와 평등, 전근대적 질서로부터 탈출이라는 자유주의적 이상과 달리, 성공이라는 신자유주의적 개념과 결합하고 있다. 특히 대도시 중산층 고학력 여성의 입장에서 남성은 이제 같아져야 할 존재가 아니다. 자신이 남성보다 '인격과 능력 면에서 모두 우월할 때', 평등 개념은 필요치 않다. 물론, 이것은 개인적 차원에서만 가능한 상황이고, 구조적 성차별은 여전히 공고하다. 그런데 남성들은 개인적으로는 무능력하면서 집단의 성원으로서 자아를 앞세우며 성차별을 지속시키려 한다.

성별 범주의 구속 대신, 개인으로서 각자도생의 길을 찾으려는 여성들에게 타인의 시선(가부장제의 규범)은 분노를 넘어 무시하거나 비웃어도 되는 대상이 되었다. 이는 우리 사회의 젠더 권력 관계가 변화했다기보다 성차별에 대한 여성들의 대응 방식이 달라졌음을 의미한다. 개인이 모든 것을 헤쳐 나가야 하는 신자유주의 사회에서 자신의 의미를 확인하는 일은 타인과의 관계가 아닌 자신과의 관계를 통해 이루어진다. 이때 일부 여성들에게는 나만을 위한 페미니즘이 일시적으로 필요하다. 생존의 개인화가 강하게 진행되고 있는 자본주의적 절대주의 사회에서 여성들을 움직이게 하는 힘은, '사회 정의로서 페미니즘'이라기보다 각자의 상황 속에서 자신에게 이익이 될 수 있는가 없는가 여부, 즉 '이익 집단으로서 페미니즘'의 성격을 강하게 띠게 되기 때문이다.

젠더는 여성이 아니며, 희망의 반대는 절망이 아니다

요약하면 다음과 같다. 애초부터 여성을 개인에서 배제하면서 출발한 근대 자유주의가 신자유주의 체제로 변모하여 이제 개인으로서 여성을 호출하고 있다. 그리고 일부 여성들은 이에 대한 응답을 페미니즘이라고 생각한다. 생존을 위해 개인의 모든 것을 동원하라는 명령 속에서, 이들은 '피해자 카드'를 꺼내들었다. 피해도 자원이 되는 세상에서 여성의 피해자화는 남성 사회도 여성도 '환호'할 만한 자원이다. 약자는 사회가 자신을 타자화해도 분노하지만, 스스로를 타자화할 때 얻는 이익이 있다는 것도 안다. 특정한 조건에서는 후자의 경우가 개인적으로는 더 큰 이익을 가져다준다. 게다가 현재 한국 사회 전반의 약자 혐오 문화와 언어의 인플레이션[23], 자극적 언설은 '성공적인 피해자'를 만들어내고 있다.

자본주의적 절대주의, 신자유주의는 페미니즘을 삼켜버렸는

---

23) 예를 들면, '다름'에서 '반대'로, '반대'에서 '적대'로, '적대'에서 '혐오'로, '혐오'에서 '극혐'으로 변하는 것을 말한다.

가. 분명한 점은 지금과 같은 일부 페미니즘의 대중화 방식은 절대로 여성의 지위 향상으로 이어지지 않는다는 사실이다. 이들이 전제하는 '젠더=여성'은 관념이다. 젠더 한 가지만으로 작동하는 여성 억압은 없다. 젠더는 사회 구조 자체이자 사회 문제의 기본 분석 단위이며, 인식론이다. 젠더의 역사는 횡단의 정치였으며, 처음부터 젠더는 그 자체로 복합적이었다. 가부장제 사회라고 해서 모든 여성이 같은 방식으로 억압받지도 않고, 같은 방식으로 피해자가 되지도 않는다. 가부장제나 페미니즘이나 모두 완벽하게 작동하는 법은 없다.

나는 '신자유주의 시대 페미니즘의 나아갈 길' 같은 것은 없다고 생각한다. 어떤 한 사람이 답을 제시할 수 있는 문제도 아니다. 다만, 나는 현재 상황을 대면해야 한다고 생각한다. 희망은 안주하지 않는 삶에서 온다. 자기 만족은 희망이 아니라 헛된 바람이다. 희망은 절망적 상황에서만 실현 가능하다. 끝까지 가는, 바닥을 치는, 더는 물러설 곳이 없는 지점에서 시작하기. 이것이 절망만이 가진 가능성이다. 근거 없는 희망보다 생산적인 절망이 필요하다.

피해와 가해의 페미니즘

2018년 3월 30일 초판 1쇄 발행
2020년 11월 2일 초판 4쇄 발행

- 엮은이 ──────── 권김현영
- 지은이 ──────── 권김현영, 루인, 정희진, 한채윤, 〈참고문헌 없음〉 준비팀
- 펴낸이 ──────── 한예원
- 편집 ────────── 이승희, 윤슬기, 양경아, 유리슬아
- 본문 조판 ────── 성인기획
- 펴낸곳   교양인
　　　　　우 04020 서울 마포구 포은로 29 202호
　　　　　전화 : 02)2266-2776 팩스 : 02)2266-2771
　　　　　e-mail : gyoyangin@naver.com
　　　　　출판등록 : 2003년 10월 13일 제2003-0060

ⓒ 권김현영, 2018
ISBN 979-11-87064-22-0 04330
ISBN 979-11-87064-07-7 (세트)

이 도서의 국립중앙도서관 출판예정도서목록(CIP)은 서지정보유통지원시스템 홈페이지(http://seoji.nl.go.kr)와 국가자료종합목록시스템(http://www.nl.go.kr/kolisnet)에서 이용하실 수 있습니다.(CIP제어번호: CIP2018007948)